मैं से माँ तक

अंकिता जैन

ISBN : 9789386534606

प्रथम संस्करण : 2018 © अंकिता जैन

MEIN SE MAA TAK by Ankita Jain

राजपाल एण्ड सन्ज़

1590, मदरसा रोड, कश्मीरी गेट, दिल्ली-110006

फोन : 011-23869812, 23865483, 23867791

e-mail : sales@rajpalpublishing.com

www.rajpalpublishing.com

www.facebook.com/rajpalandsons

क्रम

भूमिका

उस दिन फ़ेसबुक पर *इंडिया टुडे* की लोकप्रिय न्यूज़ वेबसाइट 'लल्लनटॉप' देख रही थी। उसमें कहीं लिखा था कि उनके लिए फ्रीलांस भी कर सकते हैं। तब मैं अपनी गर्भावस्था के शुरुआती मगर बेहद कठिन तीन माह पूरे कर चुकी थी। लिखना कई महीनों से छूटा हुआ था इसलिए न लिखने से होने वाले अवसाद में थी। तब, मौका न गँवाते हुए मैंने उस वेबसाइट के सम्पादक से बात की और शुरू हो गयी मेरी अनुभव यात्रा एक साप्ताहिक कॉलम के रूप में। पहले ही लेख से जब मेरे अनुभव लोगों तक पहुँचे और लोगों ने उसके साथ खुद को जोड़ा तो यह अनुभव-लेखन न रुकने वाली एक प्रक्रिया बन गया। उस वेबसाइट के बाद प्रसिद्ध हिन्दी अखबार *प्रभात खबर* ने भी इसी तर्ज़ पर मेरा साप्ताहिक स्तम्भ शुरू किया। धीरे-धीरे पाठकों के मेल आने लगे। मैं अब सिर्फ़ लेखिका नहीं रह गयी थी, बल्कि मेरे ही जैसी कई सारी गर्भवती महिलाओं की डिजिटल दोस्त बन गयी थी, जो उनकी समस्याओं को सुनकर अपने स्तर पर उनके हल ढूँढ़कर देती, उनके दुःख बाँटती। जिसके सामने वे अपने मन की हर बात कह सकती थीं। क्योंकि स्तम्भ में शब्द संख्या बँधी हुई थी, वहाँ सब कुछ नहीं लिखा जा सकता था, इसलिए फिर मैंने अपनी और अपनी डिजिटल सहेलियों के अनुभवों को एक किताब के रूप में ढालने के बारे में सोचा। वह पड़ाव इस किताब की शुरुआत थी।

यह किताब मेरी अनुभव यात्रा है, एक माँ की, जो कोई डॉक्टर नहीं, कोई विशेषज्ञ नहीं, बस एक माँ है, जो अपने होने वाले बच्चे का हर पल जीना चाहती थी। उस तक पहुँचने वाली सारी कठिनाइयों से पहले खुद दो-चार होना चाहती थी। अपने नौ माह के सफ़र पर मुझे जो मुश्किलें आयीं मैंने उनके हल खोजे। यह सम्भव है कि कई जगह डॉक्टर उनसे अलग विचार प्रस्तुत

करें। इसलिए किताब को मात्र अनुभव यात्रा मानें, गर्भावस्था की गाइड नहीं।

अब जब माँ बन चुकी हूँ, तो सोचती हूँ कि एक बच्चे को बड़े होते देखना, उसके द्वारा की जाने वाली नित-निराली हरकतों को देखना किसी आश्चर्य से कम नहीं।

आप किताब को पढ़ना शुरू करें उससे पहले मैं यह स्पष्ट कर देना चाहती हूँ कि, इसमें लिखी गयी हर बात, मेरे निजी अनुभवों और अपनी गर्भावस्था के दौरान मिली जानकारी पर आधारित है। इसलिए यह बेहतर रहेगा कि इस किताब में दिए गए सुझावों पर अमल करने से पहले आप दूसरी/तीसरी राय भी लें।

इस किताब को सम्भव बनाने के लिए परिवार के जिन-जिन सदस्यों ने सहयोग दिया, उनको मैं धन्यवाद देना चाहती हूँ। इनमें सबसे पहले है मेरा बेटा, जिसके होने भर ने इस किताब का ख़याल दिया। मेरी माँ, जिन्होंने मुझे जन्म दिया, एक बेहतर, आत्मनिर्भर इंसान बनाया और मुझे बताया कि माँ होना क्या होता है। मेरे पिता, जिन्होंने मुझे अभिभावक होने का अर्थ बतलाया। मेरे पति, जो मेरे लेखन को हमेशा शीर्ष पर देखना चाहते हैं, मुझे प्रोत्साहित करते हैं एवं मेरा साथ देते हैं।

इसके अलावा मेरी बहिन कृतिका, मेरी ननद अदिति एवं मेरे सास-ससुर को धन्यवाद कहना चाहती हूँ, जो मेरी गर्भावस्था में किसी भी रूप में सहायक रहे।

मैं अनुशक्ति सिंह को भी धन्यवाद कहना चाहती हूँ, जिन्होंने अपने सुझावों से इस किताब की त्रुटियों को दूर करने में मेरी सहायता की और एक सुन्दर रूप देने में सहायक बनीं।

मेरे हिसाब से दुनिया में अगर कुछ सबसे खूबसूरत है तो वह है माँ होना, माँ को पाना, ममत्व को महसूस करना। यदि आप माँ हैं या होने वाली हैं तो आपको ढेरों शुभकामनाएँ। यदि आप पिता हैं या होने वाले हैं तो आपको ढेरों दुआएँ।

अंत में आपका, यानी मेरे पाठकों का आभार, जिन्होंने इस पुस्तक को खरीदा और पढ़ने लायक समझा।

पढ़कर बताइएगा, आपको मेरा यह सफ़र कैसा लगा। आपकी प्रतिक्रियाओं का इंतज़ार रहेगा।

—अंकिता

postankitajain@gmail.com

माँ बनूँ या नहीं?

अब चाकू से कटती हूँ तो
खून नहीं दिखता
तेल के उचटे छींटों से भी
खाल नहीं जलती
बूँद पसीने की माथे पर
कई-बार नहीं दिखती
अब बच्चे की आह से पहले
अपनी आह नहीं दिखती

भूखी हूँ कुछ पेट में डालूँ
या प्यासी हूँ दो घूँट निकालूँ
ऐसी कोई ख़्वाहिश अब
दरकार नहीं होती
अब बच्चे की भूख के आगे
अपनी चाह नहीं दिखती

आँख मूँद कुछ पल को सो लूँ
थोड़ा अपने वक़्त को तोलूँ
अपने मिलने ना मिलने में अब
कोई तकरार नहीं दिखती
अब बच्चे की आस के आगे
अपनी आस नहीं दिखती।

...हॉस्टल का कॉमन रूम गुलज़ार था। जगह-जगह गद्दे बिछे थे। उन गद्दों पर लड़कियों का झुण्ड और उनकी बातों से होने वाली आवाज़ें, कई महीनों बाद हॉस्टल के कॉमन हॉल में गूँज रही थीं, जैसे किसी पेड़ पर लम्बे समय के बाद एक साथ ढेरों पंछी चहचहा रहे हों।

सब छह महीने बाद मिल रहे थे। ट्रेनिंग के शुरुआती छह महीने खत्म हो चुके थे। हम सब यहाँ फ़ाइनल्स देने के लिये आयी हुई थीं। इन छह महीनों में कई लड़कियों के लिए ज़िन्दगी थोड़ी आगे बढ़ गयी थी, तो कई वहीं रुककर आगे का रास्ता देख-परख रही थीं। किसी की तैयारी नौकरी की थी तो किसी की पीएच-डी. की।

इन लड़कियों के बीच सबसे बड़ा झटका सुहानी ने दिया था। उसकी डगर पर न नौकरी थी, न ही आगे की पढ़ाई। वह शादी करके घर बसाने वाली थी।

वह सुहानी, जो बैच की टॉपर्स में से एक थी। जिसने बहुत मेहनत से एक अच्छे पैकेज की नौकरी हासिल की थी, जिसका कहना था कि वह कम से कम 4-5 साल तो शादी नहीं ही करेगी। वही सुहानी ट्रेनिंग के पहले छह महीने में ही शादी करके हमें पहले ही एक झटका दे चुकी थी और अब दूसरी ताज्जुब भरी खबर के साथ लौटी थी।

"मेरी सास की तबियत बहुत खराब रहती है, वो चाहती हैं कि उन्हें कुछ हो उससे पहले मैं उन्हें पोते का मुँह दिखा दूँ।"

पेट पर हाथ फेरते हुए उसने जिन भावों से मेरी तरफ़ देखकर यह बात कही थी वो भाव मिले-जुले थे। आँखों के भीगे कोने उसकी बेबसी का सबूत थे, और होंठों पर खिली हल्की मुस्कान इस बात का कि जिस भी हालत में लिया गया हो, वो माँ बनने के अपने इस निर्णय से अब खुश है। उसकी प्रेग्नेंसी का तब पाँचवाँ महीना चल रहा था। पेट का उभार इतना नहीं था कि एक मोटे शॉल से बाहर झाँक सके, पर उसका रुँधा गला उसके कॅरियर की ख़्वाहिशों पर लगी ताज़ा चोट की आह को बयान कर रहा था। उसकी डूबती आँखों ने उस दिन मुझसे बहुत कुछ कहा था। पर फिर भी बहुत कुछ था जो शायद मैं उस दिन उस वक्त में नहीं समझ सकती थी, जिनमें से एक बात यह भी थी कि, बाईस साल की उम्र में जब हम पुरज़ोर अपनी मेहनत कॅरियर के लिए कर रहे होते हैं, वहाँ यह भी समझ पाना थोड़ा कठिन था कि माँ बनने के मुश्किल भरे महीनों में उसने परीक्षा की तैयारी भी कैसे की होगी।

उस दिन यह ब्रह्मज्ञान हुआ कि वे पढ़ी-लिखी लड़कियाँ जो अपना कॅरियर बनाने के लिए क्या-कुछ नहीं करतीं, उन्हें कितनी आसानी से दूसरों की उन ख़्वाहिशों के आगे घुटने टेकने पड़ते हैं जिन्हें सिर्फ़ वही पूरा कर सकती हैं। यहाँ, एक सवाल यह भी उठता है कि क्या जिसे सिर्फ़ हम पूरा कर सकते हैं, उसे हमारे ही पतन के लिए तुरुप का इक्का बनाना चाहिए ?

सुहानी की सास अपने पोते का मुँह देखने से पहले ही चल बसीं, और उनकी इच्छा पूरी करने की कोशिश में उस लड़की का मनचाहा कॅरियर भी चल बसा। सुहानी ने कुछ साल अपने बच्चे की परवरिश में लगाए, फिर टीचिंग प्रोफ़ेशन ज्वाइन किया। घर और नौकरी दोनों में ताल-मेल बैठाते हुए एक शिक्षिका बनना स्वीकार लिया, जो शायद उसकी पसन्द कभी नहीं थी। सोशल मीडिया पर कभी-कभी जब उसकी तस्वीरें देखती हूँ तो मेरी आँखें उसके चेहरे पर वही खुशी ढूँढती हैं, जो उसे उसका मनचाहा कॅरियर पाने से मिल सकती थी। सम्पर्क में न होते हुए भी अक्सर यह जानने की चाह मेरे मन में उठती है कि क्या वह अपने उस निर्णय के बाद मानसिक रूप से खुश रह पाई। कैसे उसने अपने भीतर के 'कुछ कर पाने के' एक मज़बूत ख़याल को रौंदा होगा ? क्या कॅरियर बनाने की चाहत बस एक ऑप्शनल ख़याल भर है जिसे शादी, बच्चा, गृहस्थी जैसे मज़बूत सवालों के आगे उतनी अहमियत नहीं मिलती...

पुरुष-प्रधान कॉर्पोरेट जगत में रहकर एक मुकाम हासिल करने का सपना देखने वाली अधिकांश लड़कियाँ इसी तरह पहले ही ढेर हो जाती हैं, बिना किसी तोप-बन्दूक के। बहरहाल, यह स्थिति ऐसी है जिसमें औरों को दोष देना ठीक नहीं। सच तो यह है कि यहाँ हम खुद भी इस मुद्दे पर अपने दिल और दिमाग को एकमत नहीं कर पाते। माँ बनना है, लेकिन कॅरियर भी ज़रूरी है। दोनों के बीच कब, कैसे, क्या का फेर शायद हम खुद भी पूरी तरह नहीं समझ पाते। इसकी एक वजह यह भी हो सकती है कि शायद बचपन से मिलने वाली आदर्श नारी की ट्रेनिंग में स्त्रीत्व और सम्पूर्णता का यह अध्याय हमें कुछ ज्यादा ही अच्छे से पढ़ा दिया जाता है। हमें सिखा दिया जाता है कि स्त्री की सम्पूर्णता, पति, बच्चों में है। एक बढ़िया घर, दो हँसते-खेलते बच्चे, एक प्यार करने वाला पति मिलने के बाद हमारी इच्छाएँ उस घर को सजाने-सँवारने से ऊपर उठकर खुद के सपनों को सजाने-सँवारने तक पहुँच ही नहीं पातीं। यदि इक्का-दुक्का कोई महिला ऐसी निकल भी जाये जो अपने कॅरियर को सबसे ऊपर रखती हो तो

ज़िन्दगी के किसी-न-किसी पड़ाव पर पहुँचकर वह अक्सर खुद को अपने ही निर्णय पर कोसती दिखती है। माँ बनने की उसकी चाह उसके भीतर के अंतर्द्वन्द्व को उसकी सोच पर हावी करके उसके साथ भावनात्मक खिलवाड़ करती है।

मेरी एक अच्छी सहेली तान्या अपनी प्रेग्नेंसी के दिनों में एक अलग ही तरह की भावनात्मक तकलीफ़ से गुज़री। अपना जी हल्का करने के लिए उसने जब फ़ोन पर मुझे अपनी समस्या बताई तो मैं चकित थी, उसकी उलझन बहुत ही निराली थी—

मैं शादी के बाद से ही अमेरिका सेटल हो गयी थी। मेरे पति यहाँ साइंटिस्ट हैं। शादी के बाद मैं भी यहाँ जॉब करने लगी। हमने बच्चा तीन साल बाद प्लान किया था, लेकिन सब कुछ प्लानिंग के हिसाब से नहीं चलता। शादी के एक साल बाद ही जब मैं प्रेग्नेंट हुई तो मैंने अमेरिका में रहकर ही डिलीवरी करने का तय किया। वजह, एक तो यहाँ मेडिकल सुविधाएँ बहुत अच्छी हैं, दूसरा प्रेग्नेंसी के दौरान मैं पति के बिना नहीं रहना चाहती थी। मुझे इंडिया आकर ससुराल में रहना पड़ता। हालाँकि मेरी सास बहुत अच्छी हैं, लेकिन ससुराल ससुराल ही होता है। अमेरिका में रहते हुए यूँ तो मेरी प्रेग्नेंसी में कोई बड़ी समस्या नहीं आयी, लेकिन मैं बहुत अकेली पड़ गयी थी। मैं जहाँ रहती थी वो स्टूडेंट एरिया था। सब अपनी दुनिया में मस्त। मिलना-जुलना, अपनी भावनाओं को किसी से बाँटने के नाम पर मेरे पास पति के अलावा और कोई नहीं था। लेकिन पति भी उस दौरान अधिक व्यस्त हो गए या यूँ कहूँ कि उन्हें अधिक व्यस्त कर दिया गया। जब मैं प्रेग्नेंट हुई तो मेरे पति की बॉस ने उनका कार्यभार बढ़ा दिया। विदेश में भी मुझे मुँहबोली सास मिल गयी। कारण जब समझने की कोशिश की तो पता चला कि वो बॉस, जो उम्र के चालीस बसन्त देख चुकी हैं, उनकी एक सफल नौकरी है, प्यार करने वाला पति है, लेकिन बस बच्चा नहीं है, उम्र के उस पड़ाव पर भी असमंजस में थी कि अभी नौकरी में सफलता के और ऊँचे पायदानों पर चढ़ूँ या माँ बनूँ। उन्हें डर था कि कहीं मेरे पति जो उनके अंडर काम करते थे, पिता बनने के दौर में आते ही काम पर ध्यान देना बन्द न कर दें, और इसी वजह से उन्होंने मेरे पति के सर पर ओवरलोडिंग कर दी। वह वक़्त हमारे लिए बहुत कठिन था।

मेरी सहेली की इस कहानी को जानने के बाद आप दोषी किसे ठहराएँगे?

~

''शादी के बाद नौवें महीने में बच्चा हो जाये तो गंगा नहा लो,'' इस तरह की बातें जब बुजुर्ग महिलाएँ बोलती हैं तो हम जैसी बहुएँ चिढ़ने लगती हैं, लेकिन अगर हमसे कोई पूछे कि ''अच्छा चलो अभी नहीं तो बताओ कब चाहिए बच्चा'' तो भी शायद हम ठीक-ठीक जवाब नहीं दे पायेंगी। हमारी पीढ़ी में कई ऐसी भी हैं जिन्हें शादी चाहिए लेकिन बच्चा नहीं और कई ऐसी भी जिन्हें बच्चा चाहिए लेकिन शादी नहीं।

जिन्हें शादी और बच्चा दोनों चाहिए उन्हें कब चाहिए इसकी भी बड़ी उलझन रहती है। मेरा भी हाल कुछ ऐसा ही था। शादी के एक साल बाद जब मेरी गोद नहीं भरी तो सबकी नज़रें मुझ पर अटकने लगीं। मायका हो या ससुराल आशीर्वाद सब जगह से यही मिलने लगा, ''अब जल्दी से नाती/पोता खिलाने का मौका दे दो।'' मेरे पास जवाब में मुस्कुराहट के सिवा कुछ नहीं बचता था। वैसे कमाल की बात है, सेक्स पर आँख मूँद कर आ थू करने वाला समाज बच्चे की चाहत में खुलेआम कहने लगता है, ''जाओ कुछ करो।''

जब कुछ समझ नहीं आया तो सोचा इस बारे में अपनी सहेलियों से कुछ मदद ली जाये। समझा जाये कि बच्चा कब चाहिए का निर्णय उन्होंने कैसे लिया? मुझे लगा था कि उनकी बातों को सुनकर मैं तुरन्त ही कोई फ़ैसला ले पाने में सक्षम हो सकूँगी, पर जब उनसे हुई बातों के सार निकले तो कुछ ऐसी बातें सामने आयीं—*अब शादी को इतने साल हो गए थे, इसलिए बच्चा तो करना ही था। पागल और लेट करती, फिर कोई दिक्कत होती तो। घरवाले बहुत परेशान करने लगे थे यार। अब घर में अकेले क्या करूँ, बच्चा आ जायेगा तो मन लगा रहेगा। सास से बनती नहीं शायद बच्चा आने के बाद कुछ ठीक हो जाये। पति के पास समय ही नहीं मेरे लिए, शायद बच्चा आने से उन्हें घर में रहने का कारण मिलने लगे।*

ये वे जवाब थे जिन्होंने मुझे बच्चा और उसके होने के सच का एक नया ही पहलू दिखाया था। भावनात्मक रूप से मैं सुलझने की जगह और भी ज़्यादा उलझ गयी थी। आज तक कभी इतनी गहराई से सोचा ही नहीं था कि आखिर किसी को बच्चा क्यों चाहिए होता है? जब सोचा और जानने की चाहत पैदा हुई तो हर तरफ़ असन्तुष्टि भरे जवाब ही हाथ लगे।

मेरे लिए अचंभे का विषय यह था कि किसी को भी बच्चा इसलिए नहीं चाहिए था क्योंकि उन्हें खुद बच्चा चाहिए, या फिर वे अपना एक अंश

इस दुनिया में लाना चाहती हैं, मातृत्व के अनमोल सुख को भोगना चाहती हैं, या वे अपने परिवार को बढ़ाने के लिए पूरी तरह तैयार हैं। परिवार की छोड़िये जनाब, वे खुद उस दौर से गुज़रने के लिए पूरी तरह तैयार हैं या नहीं, शायद ही कोई लड़की इतना भी सोचकर उस राह को जाती होगी...

~

लोग कहते हैं, बड़े शहरों में माहौल अलग होता है! सच में? मान्यता है कि दिल्ली-बम्बई जैसे मेट्रो शहरों में रहने वाले कामकाजी दंपति आजकल सोचकर चलते हैं। पड़ताल की जाये तो सच्चाई परत दर परत खुलती नज़र आती है। अक्सर जहाँ पति-पत्नी दोनों नौकरी वाले हों, वहाँ भी परिवार की निगाहों का काँटा तब तक पत्नी यानि उनकी कमाऊ बहू पर अटका रहता है जब तक वह नौकरी छोड़कर घर गृहस्थी न बसा ले। आश्चर्य की बात तो यह है कि बच्चा पैदा करने की ये ख़्वाहिश हम हिन्दुस्तानी लड़कियों का विदेशों तक पीछा नहीं छोड़ती।

लन्दन में रहने वाली सुनैना शादी के बाद वहाँ आयी थी। नई ख्वाहिशें, नौकरी से ट्रान्सफर, खूब प्यार करने वाला पति और दुनिया देखने की ढेरों तमन्नाओं के साथ जो हर वक्त उससे चिपका रहता था, वो था अपने ससुराल वालों को एक खिलौना देने की ज़िम्मेदारी। सुनैना की सास कहती थीं, ''तुम दोनों दिनभर ऑफिस चले जाते हो। यहाँ परदेश में मैं अकेले कैसे दोस्त बनाऊँ।'' सुनैना घर का पूरा काम करके जाती थी इसलिए सास के पास करने को काम भी कुछ नहीं होता था। जिसका नतीजा निकला कि उन्हें अपना अकेलापन दूर करने के लिए घर में एक बच्चा चाहिए था, साथ ही अपने बेटे का वंशज भी। सुनैना अच्छी-खासी नौकरी कर रही थी, और अगले कुछ सालों तक करना चाहती थी, पर अफ़सोस, शादी के सालभर बाद ही नौकरी को अलविदा कहना पड़ा। उसकी सास ने उसे अपने आस-पास की कुछ ऐसी कहानियाँ नमक-मिर्च लगाकर सुनाई जिनमें देर होने से लड़की माँ नहीं बन पाती है, और सारी ज़िन्दगी एक अधूरेपन को भोगती है।

इन कहानियों का सुनैना पर ऐसा असर हुआ कि वह नौकरी छोड़ सास को पोता/पोती का मुँह दिखाने में लग गयी। क्या माँ बनना ही एक लड़की को पूरा करता है? इस सवाल का जवाब आपको अधिकतर 'हाँ' में ही मिलता है, इसी 'हाँ' को हमारे समाज ने खुद पर इस कदर हावी कर लिया है कि जो लड़कियाँ किसी वजह से माँ नहीं बन पातीं उनकी सारी ज़िन्दगी लानत-

मलानत में बीत जाती है। लोग भले एक वक्त के बाद उन्हें कहना-कोसना छोड़ दें, लेकिन वे उस एक कमी के लिए ख़ुद को सारी ज़िन्दगी कोसती रहती हैं। फिर, भले ही कमी उसमें न हो। कमी तो पुरुष में भी हो सकती है। बड़े शहरों में शायद पहले से स्थिति कुछ सुधरी है लेकिन, छोटे शहरों, कस्बों, गाँव आदि में देखा जाता है कि, *"उनके अपने बेटे में कमी है, यह बात अधिकांशत: लड़का ख़ुद या उसके परिवारवाले मानने को राज़ी नहीं होते।"* उनके कुल या वंश का नाम बदनाम होगा इसलिए पुरुष की फ़र्टिलिटी जाँच नहीं करवाते। जाँच यदि करवा भी ली तो सामाजिक स्तर पर उसे उजागर नहीं करते। स्त्री परिवार की आन बचाने के चक्कर में उस कमी का बोझ अपने कन्धों पर ढोती रहती है। स्त्री ही सामाजिक स्तर पर बाँझ कहलाई जाती है। क्या आपने कभी किसी पुरुष के लिए बाँझ सुना है? नहीं सुना होगा। पुरुष प्रधान समाज में इस तरह के शब्दों का चलन स्त्रियों के लिए ही है। जिस कारण हर लड़की यही चाहती है कि वह एक-न-एक दिन माँ ज़रूर बने। उसमें फ़र्टिलिटी यानी मातृत्व से सम्बन्धित कोई कमी न हो।

हालाँकि अब विज्ञान ने IVF (इन विट्रो फ़र्टिलाइजेशन, जिसमें कृत्रिम तरीके से महिला के अंडाणु को अंकुरित करके उसके गर्भ में स्थापित किया जाता है।), टेस्ट ट्यूब बेबी, सेरोगेसी आदि जैसे कई ऐसे वैज्ञानिक रास्ते ईजाद कर दिए हैं कि फ़र्टिलिटी यानी बच्चा जनने के लिए मानी जाने वाली यह शारीरिक कमी भी अब पूरी हो जाती है, लेकिन यदि किन्ही कारणों से यह न हो पाए तो वंश-वृद्धि की चाहत उन स्त्रियों को कहीं का नहीं छोड़ती जो अपने ससुरालवालों के वंश को एक औलाद नहीं दे पातीं।

मेरे मन में भी कहीं-न-कहीं यह डर था। अपने परिवार में मैंने मेरी बुआ को इस दर्द से गुज़रते देखा था। माँ न बन पाने की तकलीफ़ उन्होंने ताउम्र भोगी। उनके बदलते रवैये, उनकी प्रकृति में चिड़चिड़ाहट और उनकी धँसती आँखें अक्सर इस बात की गवाही दे जाते थे। यूँ तो उन्होंने हमारे ही परिवार की एक बेटी को गोद लिया था, पर वह शायद उनके उस गम को मलहम नहीं दे पाई, जो मलहम उन्हें अपनी कोख की सन्तान देती।

~

हम चाहे देश-स्तर की बात करें या छोटे शहर और मेट्रो सिटी या फिर दूर-दराज़ के किसी गाँव की, माँ बनना वह सार्वभौमिक मुद्दा है जिसमें हर औरत

को एक ही तराजू में तौला जाता है। कभी औरत खुद को तौलती है तो कभी परिवार या समाज।

यह भी आश्चर्य का विषय ही है कि सामाजिक-तौलन के इस कार्यक्रम में स्त्रियाँ भी पीछे नहीं रहतीं। मंदिर, किटी पार्टी या किसी अन्य सामाजिक आयोजन में इकट्ठी होकर दूसरों के घरों में ताका-झाँकी करने वाली स्त्रियाँ ही वे स्त्रियाँ होती हैं जो सास-बहू वाले डेली-सोप देख-देखकर, उनसे प्रेरित होकर अपनी और अपने आस-पास की महिलाओं की ज़िन्दगियों में कठिनाइयाँ बोती रहती हैं। इस तरह कि वे अपना काम भी कर दें और दोषी भी न ठहराई जायें। मेरी चचेरी बहिन की और मेरी शादी एक ही साल में हुई थी। वो अभी माँ नहीं बनना चाहती लेकिन उसके आस-पास की सामाजिक महिलाएँ उसे उसके इस निर्णय पर अडिग नहीं रहने देतीं, शादी को तीन साल हो गए, अब तो खुशखबरी दे दो। ज़्यादा देरी से परेशानियाँ बढ़ती हैं। कुछ इस तरह की बातों से वे औरतें न सिर्फ़ उसकी खुशियों पर ग्रहण लगाती हैं बल्कि उसकी सास को भी उकसाती रहती हैं। वह दुखी न होकर भी दुखी रहती है, उदास रहती है।

यह समाज पुरुष प्रधान इसलिए है क्योंकि हम स्त्रियाँ इसे स्त्री-प्रधान बनाने की जगह अपना कीमती समय दूसरी स्त्रियों का ब्यौरा जानने में ज़्यादा लगाती हैं। हम इसकी बेटी से उसकी बेटी, और अपनी बहू से उसकी बहू को तौलने में ही जीवन का अधिकांश हिस्सा व्यर्थ कर देते हैं। ''तोल-मोल का यह चलन लड़कियों से जुड़ी अपेक्षाओं को भी हद से ज़्यादा बढ़ा देता है। इस समाज में लड़कियों की शादी कई बार सिर्फ़ इसलिए भी ज़ल्दी हो जाती है ताकि समय रहते हुए पहले के अलावा दूसरे, तीसरे और बाकी नंबरों के बच्चे पैदा कर सकें। तेरी-मेरी की इस दौड़ में कोई लड़की से नहीं पूछता कि वह बच्चा चाहती भी है या नहीं, यदि चाहती है तो कितने और कब?

हम मानसिक और शारीरिक रूप से पूरी तरह तैयार हैं भी या नहीं, यह न हम खुद समझते हैं न ही कोई हमें समझाता है।

पहले एक बेटी और फिर एक माँ के तौर पर मेरा अनुभव कहता है कि हमारी भारतीय माँएँ अगर अपनी जवान होती बेटियों से अपनी गर्भावस्था के अनुभव बाँटने लगें, उसमें होने वाली मानसिक व शारीरिक तकलीफ़ों को बताने लगें तो शायद हम लड़कियों को यह निर्णय लेने में आसानी हो जायेगी

कि हम कब माँ बनना चाहती हैं, या हम माँ बनने के लिए तैयार हैं या नहीं।

तान्या को नहीं पता था कि डिलीवरी के बाद अकेले रहना उसे कितना भारी पड़ेगा। विदेश में 14 घंटे की नौकरी करने वाला पति, जो कि उसका एकमात्र सहारा था, उसे कैसे सिखाता कि बच्चे को दूध कैसे पिलाते हैं? बच्चा पालने में आने वाली छोटी-छोटी सी मुश्किलों के लिए हालाँकि उसने पेरेंटिंग क्लासेज़ कीं, लेकिन क्लासेज़ वह नहीं सिखा सकतीं जो बातें माँ बता सकती है।

शादी से पहले इस तरह के विषयों पर जानकारी के अभाव ने मुझे भी उसी चौराहे पर लाकर खड़ा कर दिया। माँ बनना है लेकिन कब, नहीं पता था...जिन-जिन लोगों से बात की उनमें से ज़्यादातर लोगों ने यही कहा कि, ''पहली प्रेग्नेंसी तो बस हो जाती है।'' पर क्यूँ हो जाती है? यदि वह तब हो जब हम पूरी तरह तैयार हों तो शायद हमें उतनी मानसिक तकलीफ़ें न झेलनी पड़ें। खैर, जब ओखल में सिर दिया है तो मूसल से क्या डरना।

मैं भी उसी मूसल के बारे में आये दिन सोचती थी, और यह कि अब कैसे निर्णय लिया जाये। मैं चाहती थी कि उस मूसल के गिरने का वक़्त मैं ख़ुद निश्चित करूँ, पर फिर वक़्त ने वह वक़्त अचानक लाकर सामने खड़ा कर दिया जब सारी प्लानिंग धरी रह गयी।

~

रोम और वेनिस की गलियों में अपनी पहली एनिवर्सरी पर कुछ यादें बनाकर मैं और मेरे पति इंडिया वापस लौट रहे थे। दिल्ली से आगरा, रिश्तेदारों के यहाँ मिलते-मिलाते हुए हम झारसुगुड़ा के लिए अपनी घर वापसी की ट्रेन में बैठते, उससे पहले ही मुझे स्टेशन पर उल्टी हो गयी। माहवारी की तारीख़ भी कुछ पीछे छूट चुकी थी, इसलिए मेरी ताई-सास को लगा कि यह उल्टी खुशखबरी की निशानी है। हालाँकि मुझे उतना यकीन नहीं था। मुझे सफ़र में पहले भी उल्टियाँ होती रही हैं। हाँ, माहवारी की तारीख़ का पीछे छूट जाना यह अंदेशा दे रहा था कि कुछ गड़बड़ है। जब मेरी ताई-सास ने मुझे कहा कि देख लेना खुशखबरी ही होगी तो मेरा दिमाग भी उस दिशा में चलने लगा, जिस तरफ़ जाने से मैं उसे साल भर से रोक रही थी...क्या मैं माँ बनने के लिए तैयार हूँ?

दो-तीन साल पहले अगर कोई मुझसे शादी या उसके बाद होने वाले बच्चों की बात करता था तो मैं खीज पड़ती थी, शायद ऐसा करने वाली मैं अकेली नहीं हूँ। हमारे ज़माने की आत्मनिर्भर लड़कियाँ 25-26 की उम्र में भी शादी

और बच्चों के लिए मानसिक रूप से तैयार नहीं होतीं। अपनी माँओं, दादियों की ज़िन्दगी में हमेशा सिर्फ़ पति और बच्चे देखकर हम इतनी उकता चुकी होती हैं कि हमें लगने लगता है कि शादी और बच्चों के अलावा भी एक दुनिया है। एक और ज़िन्दगी है, जो हमें पुकार रही है। ऐसे में हम जैसी लड़कियाँ माँओं और दादियों वाली ज़िन्दगी से इतर ज़िन्दगी जीने के लिए शादी से ही भाग खड़ी होती हैं। कोई-न-कोई बहाना लगाकर शादी टालना, कभी लड़का नहीं पसन्द, कभी पढ़ाई और करनी है तो कभी कोई तीसरा बहाना। मैं भी कई सालों तक यही करती रही, पर मेरी सहेलियों की प्री-वेडिंग, वेडिंग, मैटरनिटी फ़ोटोशूट, नन्हे-मुन्ने बच्चों की तस्वीरों से भरती मेरी फ़ेसबुक वॉल मुझे एक बिलकुल जुदा एहसासात में पिरोने लगी। इन तस्वीरों ने मुझे कुछ हद तक अकेलेपन और ज़िन्दगी में एक साथी की कमी होने का एहसास कराना शुरू कर दिया। 'पढ़ने, सुनने में यह थोड़ा बेवकूफ़ाना लग रहा होगा पर बात सोलह आने सच है। मैं सच में ऐसा ही महसूस करती थी। एक वक्त आया जब मुझे लगा कि मैं अपनी ज़िद से, अपनी ज़िन्दगी में वह सब कुछ कर चुकी हूँ जो भी मैं करना चाहती थी—बोर्डिंग में पढ़ाई, पुणे, दिल्ली की महानगरीय ज़िन्दगी के पुरकशिश मज़े, कोर्पोरेट में काम, एक कॉलेज में लेक्चरार, एक मैगज़ीन की ओनर, और एक किताब की राइटर, और आइसिंग ऑन द केक था कुछ मदमस्त दोस्तों का साथ और उनके साथ की तफ़रीह। फिर, उन्हीं दोस्तों में कुछ की भरती गोदों को देखकर, मेरे अन्दर भी मातृत्व की चाह हिलोरें मारने लगी।

हालाँकि सरकार ने अब बिन ब्याही माँ बनना कानूनी तौर पर जायज़ कर दिया है, लेकिन कई सारे कारणों से मैं बिन ब्याही माँ नहीं बनना चाहती थी, न ही किसी पाखंडी से शादी करना चाहती थी। मैं किसी ऐसे के साथ ज़िन्दगी बसाना चाहती थी जो मुझे समझ सके। किस्मत ने साथ दिया। मनचाहे लड़के से शादी भी हो गयी, पर शादी होते ही कहानी में ट्विस्ट आ गया। मेरी बच्चा पैदा करने की इच्छा अचानक गायब हो गयी। अब एक नयी इच्छा पैदा हुई, शादी एन्जॉय करने की। मुझे ऐसा लगता था कि अगर अभी बच्चा पैदा कर लिया तो मेरे पति और मैं कभी अपना वक्त नहीं जी पाएँगे, इसलिए शादी के बाद जब भी कोई मुझे बच्चे के लिए कहता मैं मन-ही-मन उसे कोसती।

मगर कैद का पंछी कब तक पंख पसारता... ज़िन्दगी की आज़ादी का यह सिलसिला ज़्यादा लम्बा नहीं चल पाया। शादी के साल-भर बाद अचानक

से एक उल्टी ने मेरे मन में हज़ारों सवाल खड़े कर दिए। मन से भी ज्यादा मेरे लिए यह जानना ज़रूरी था कि मेरे पति अभी पिता बनने के लिए तैयार हैं या नहीं, क्योंकि, ''बच्चा पैदा होने के बाद माँ तो बनना पड़ता है, लेकिन पिता शायद बनना नहीं पड़ता, पिता बना जाता है।''

उस उल्टी के बाद जब कुछ और दिन मेरी माहवारी नहीं आयी तो हमने डरते हुए होम प्रेग्नेंसी टेस्ट किया जो पॉज़िटिव था। हम अजीब सी मनोदशा में थे। थोड़ी खुशी भी थी और डर का आलम भी था। डर इसलिए क्योंकि हम पूरी तरह तैयार नहीं थे।

क्या वाकई मैं माँ बनने के लिए तैयार हूँ? क्या यह सही वक्त है? इतना काम तो कर लिया चलो अब एक बच्चा पैदा कर लेते हैं। अगर अभी नहीं किया तो देर होने पर कोई शारीरिक समस्या न आ जाये। और भी ना जाने कितने सवाल मुझे घेरे हुए थे। अपने आस-पास के कुछ मामले भी बार-बार नज़रों के सामने आने लगे थे, जिनमें दम्पति ने पहले निर्णय नहीं लिया और बाद में वे माँ-बाप नहीं बन पाये। कारण कुछ भी रहे हों लेकिन बहुत ऊलजलूल सवाल मेरे साथ खेल रहे थे।

पढ़ना-लिखना, नौकरी करना, खाना, पीना, नहाना आदि ज़रूरी कामों की तरह, मैं बच्चे को भी ज़िन्दगी का एक ज़रूरी काम नहीं बनाना चाहती थी, और न ही ज़िन्दगी में आयी एक सामाजिक ज़िम्मेदारी की तरह उसे निभाना चाहती थी। मैं चाहती थी कि बच्चे को तब अपनी ज़िन्दगी में लाऊँ जब मैं पूरी तरह उसके लिए अपने अन्दर ललक महसूस करूँ, तैयार हूँ।

~

फूलवती पाँच महीने की गर्भवती थी जब उसने मेरे घर का काम छोड़ा। शुरू के कुछ महीनों तक उसने हमें यह पता नहीं लगने दिया कि वह गर्भ से है। इस डर से कि हम उसे काम से हटा देंगे ताकि उसे भरपूर आराम मिल सके। लेकिन बिना पैसे के कैसा आराम। जिसका पति शराब पीकर मार-पिटाई करता हो, उसे आराम और अपने बच्चे दोनों के लिए पैसे कमाने की गरज होती है।

गर्भावस्था के दौरान प्यार, दुलार और आराम किसे कहते हैं, उससे फूलवती का कोई वास्ता नहीं है। शायद यही वे हालात हैं जिनकी वजह से आज भी हमारे देश में पैदा होने के बाद 29 दिनों के भीतर मरने वाले बच्चों की मृत्युदर 48.1 बनी हुई है। मतलब कि हर दूसरा या तीसरा बच्चा जो पैदा

होता है वह 29 दिनों के भीतर ही इस दुनिया से विदा हो जाता है। आँकड़ों में जोड़ें तो लगभग साढ़े सात लाख बच्चे हर साल...और बनने वाली माँ, उसका क्या? उसकी ज़िन्दगी भी तो खतरे उठाती है।

सच डरा देता है। वर्ल्ड हेल्थ आर्गेनाइजेशन की ताज़ा रिपोर्ट के मद्देनज़र हर साल 45,000 महिलाएँ बच्चे को जन्म देते समय या जन्म देने के कुछ ही समय बाद मर जाती हैं। बच्चा पैदा करना उतना भी आसान नहीं होता, जितना समझा जाता है...और जब ऐसे तथ्य आपके सामने आ जायें तो आप माँ बनने के लिए तैयार हो रहे मन को फिर से सोचने के लिए कहते हैं। हालाँकि टीवी सीरियल्स और फ़िल्मों में गोद भराई वाले दृश्यों और गानों ने हम औरतों के मन में उन पलों के प्रति बेहद खास चाहतें भर दी हैं। न चाहते हुए भी यह ख़याल मन में बस जाता है कि हमारी प्रेग्नेंसी की खबर घरवाले सुनेंगे तो पलक-पाँवड़े बिछा देंगे।

पर, टीवी के बाहर की असल दुनिया अलग ही कहानियाँ कहती है। बहू गर्भवती हो तो घरवाले उसके लिए पलकें बिछा दें; पत्नी गर्भवती हो तो पति उसके कहने से पहले उसकी इच्छाएँ पूरी कर दे, ऐसा सिर्फ़ फ़िल्मों और टीवी सीरियल्स में ही होता है। इन्हीं फ़िल्मों और टीवी सीरियल्स ने हम लड़कियों की उम्मीदों को इतना ऊपर पहुँचा दिया है कि जब मन-मुताबिक नहीं मिलता तो हम बहुत तेज़ी से नीचे गिरते हैं।

मुश्किल यह है कि टीवी की इस दुनिया में परिवार स्वर्ग में बने होते हैं, और बहुएँ अन्नपूर्णा का अवतार। किसी को किसी चीज़ की कमी नहीं होती, पर आम भारतीय समाज की सच्चाई इसके बिलकुल उलट है।

~

बच्चा पैदा करने के वक्त या फिर गर्भ के दौरान हुई माँओं की मौत अक्सर हमारे सामने एक अलग खाका खींच देती हैं। हमें लगता है कि वे मरने वालियाँ ज़रूर बुनियादी सुविधाओं से भी महरूम होंगी, पर सच की तस्वीर हमारी सोच से बिलकुल जुदा है। मौत सिर्फ़ भूख या फिर शारीरिक तकलीफ़ की वजह से नहीं होती, बल्कि दिमागी सुकून की कमी भी इसकी वजह होती है। प्रेग्नेंसी में सिर्फ़ अच्छ खान-पान ही नहीं बल्कि अच्छ माहौल और केयर भी ज़रूरी होती है। जो हर किसी के नसीब में नहीं होती।

उस दिन मैं अपनी माँ के साथ एक डॉक्टर के पास गयी थी जब मुझे इसी तरह का एक मामला सुनने में मिला। डिलीवरी के पंद्रह दिन के भीतर ही वह महिला मानसिक रूप से अपंग हो गयी जिसकी कहानी उसकी माँ हमें सुना रही थीं। वह ससुरालवालों द्वारा किये गए दुर्व्यवहार को झेल नहीं पायी और अपना मानसिक सन्तुलन खो बैठी। यह सिर्फ़ एक मामला नहीं है। अभी कुछ दिन पहले ही एक दोस्त बता रही थी, उसकी ममेरी बहिन का ब्लड प्रेशर गर्भावस्था के सातवें महीने से बढ़ने लगा था। उसने अपनी इस असहजता के बारे में अपने पति को बताया लेकिन उसके पति और ससुरालवालों ने यह कहकर टाल दिया कि वह काम न करने के लिए इस तरह के बहाने बनाती है। हाल इस कदर बिगड़ा कि नौवें माह तक पहुँचते-पहुँचते उसका ब्लड प्रेशर बढ़ कर दिमाग तक पहुँच गया। उसका ब्रेन डेड हो गया और दो दिन वेंटिलेटर पर रहने के बाद वह इस दुनिया को अलविदा कह गयी।

गर्भावस्था या डिलीवरी के बाद का समय बहुत नाजुक होता है जिसमें परिवार के साथ की बेहद ज़रूरत होती है, उसके बिना लड़की न सिर्फ़ अकेली है बल्कि कमज़ोर भी।

अब जैसे नेहा कह रही है...

"सब कुछ बता पाना तो बहुत मुश्किल होगा लेकिन मैं अपने पति के होते हुए भी उनकी उपस्थिति के लिए बहुत रोई हूँ। कई दफ़ा ऐसे भी जैसे किसी की मौत पर चीख-चीखकर रोते हैं। उसके अपरिपक्व व्यवहार, मेरी स्थिति के प्रति भावहीन रवैये, और हमारे बीच खत्म हो चुकी आपसी समझ ने मुझे हर रात रोने पर मजबूर किया। मैं उसकी तरफ़ से भावनात्मक जुड़ाव और सहारे की उम्मीद करती थी जो मुझे नहीं मिलता था। इसी वजह से मेरी गर्भावस्था की हर रात काली रही। मैं हर दिन यही सोचती थी कि मेरे रोने से बच्चे पर बुरा असर पड़ेगा लेकिन दर्द इतना था कि आँसू रोके नहीं रुकते थे। धीरे-धीरे मैं चुप रहने लगी। सास की तरफ़ से तो पहले ही कोई उम्मीद नहीं थी। उन्हें अपने अहम् के आगे मेरी स्थिति कभी दिखी ही नहीं। उन्हें लगता था कि वो भी माँ बन चुकी हैं, कोई बड़ी बात नहीं अगर तकलीफ़ें होती भी हैं तो। एक पति से उम्मीद थी लेकिन उसका होना भी न होने के बराबर था। हर बार मैं अपने आँसुओं को गले में रोके रहती थी कि शायद आज हम खुलकर बात करें और मुझे रोना न पड़े लेकिन वो कभी समझा ही नहीं। दुनिया और समाज के सामने हम बहुत

खुश और सुखी परिवार थे। लेकिन सब कुछ वैसा नहीं होता जैसा दिखता है। मेरी लव मैरिज हुई थी, मेरे माता-पिता ने बिना किसी रोक-टोक के मेरी शादी भी कर दी थी। शादी से पहले तक सब ठीक था। ठीक शायद अब भी है, अगर मैं शिकायतें न करूँ, अगर मैं वैसे रहूँ जैसे मेरी सास चाहती हैं, अगर मैं अपने घर, अपने माँ-बाप को ज़्यादा याद न करूँ, अगर मेरी ज़िन्दगी में सिर्फ़ मेरी सास और मेरी ननद रहें। लेकिन मैं ऐसा कर नहीं पाई।''

मैंने नेहा से तब बातें की थीं जब मैं माँ बनने के अपने फ़ैसले के बारे में निश्चिन्त हो जाना चाहती थी। यह मेल नेहा ने उस प्रश्न के जवाब में भेजा था जिसमें मैंने उससे पूछा था कि उसकी प्रेग्नेंसी कैसी रही। वह अपनी शारीरिक समस्याएँ बताने की जगह मुझसे उन भावनात्मक उलझनों पर बात करना चाहती थी जो उसने अपनी पूरी प्रेग्नेंसी के दौरान महसूस कीं। वह अक्सर कहती,

''मैं उन सभी समस्याओं से जूझी जिनसे माँ बनने वाली स्त्री को जूझना पड़ता है। लेकिन ये सभी शायद न के बराबर होतीं अगर मेरे परिवार ने मेरा दिल से साथ दिया होता।''

अपनी सहेलियों से बात करने और इन्टरनेट पर मिलने वाली तमाम जानकारी से मुझे इतना समझ आ गया था कि माँ बनना, नौ महीने और उसके बाद सारी ज़िन्दगी की ज़िम्मेदारी उठाना आसान नहीं है। मुझे अपने आप को पहले पूरी तरह तैयार करना होगा—मन और तन दोनों से। सवाल यहाँ यह था कि मैं कैसे खुद को इस ज़िम्मेदारी के लिए तैयार करूँ?

इसका जवाब मैं ढूँढ पाती उससे पहले ही प्रेग्नेंसी टेस्ट किट पर दो धुँधली लाइनें आ चुकी थीं। गर्भ ठहर चुका था। अब बारी जवाब ढूँढने की नहीं बल्कि कुदरत की उस नेमत को खुले दिल से स्वीकारने की थी जो भले अनजाने और अनचाहे वक्त पर आयी हो, पर नेमत है। पाने के बाद फिर मैं उसे खोना नहीं चाहती थी, मन से या बिना मन से मैं उसे स्वीकार करने के लिए खुद को तैयार कर रही थी। दो-तीन दिन में ही घरवालों के खिले चेहरों ने मुझे दिमागी तौर से भी तैयार कर दिया।

किन्तु, परन्तु... यही ज़िन्दगी है मेरी जान, यहाँ सब कुछ हमारे मुताबिक नहीं होता।

गर्भपात—ज़िन्दगी यहाँ खत्म नहीं होती

एक पति अपनी पत्नी की स्त्री विषयक समस्याओं को शारीरिक रूप से भले कभी न झेले, लेकिन मानसिक रूप से उसका साथ देकर, उन समस्याओं की तकली.फ़ को आधा ज़रूर कर सकता है।

उस दिन एक रिश्तेदार के घर पार्टी थी। दो दिन खूब भागदौड़ करनी थी। मेरी मोर्निंग सिकनेस की स्थिति कुछ ऐसी थी जो कुछ भी खुलकर नहीं बता पा रही थी। पेट में हल्का दर्द भी रहता था चक्कर भी आते थे। उलझनें बढ़ती जा रही थीं। खुशखबरी है या फिर सिर्फ़ माहवारी के आने में थोड़ी देरी हो गयी है...

ऊहापोह में मैं न कहीं आना-जाना चाहती थी, न ही कुछ करना चाहती थी। बस कमरे में बन्द होकर कुछ दिन बीतने का इंतज़ार करना चाहती थी, ताकि मानसिक और शारीरिक दोनों की स्थिति कुछ सुलझ सके, कोई नतीजा मिले, मन की उलझन का कोई अंत मिले, पर खुद को बन्द करके रख पाना न सम्भव था न ही कोई हल। इसलिए बाहर निकलकर पार्टी का मज़ा लेने और मन को थोड़ा बहलाने की कोशिश शुरू की। उस वक्त मैं एक कोशिश यह भी करते रहना चाहती थी कि मैं अपने अन्दर चल रहे भावों को चेहरे पर न आने दूँ। अपनी तकली.फ़ या उम्मीद को परिवार के खास लोगों के सामने न उभरने दे पाना बहुत कठिन था, क्योंकि, तब तक किसी को भी मेरे अन्दर कैद ऊहापोह के बारे में पता नहीं था। उस असमंजस वाली स्थिति में किसी को कुछ बताने का मतलब भी नहीं था। सिर्फ़ मेरी सास को जानकारी थी कि मेरे अन्दर क्या चल रहा है। होम टेस्ट पर धुँधली उकरी लाइन ने हमारी उम्मीदों को भी धुँधले से परदे से ढँक रखा था। हम सभी संदेह में थे। डॉक्टर के पास हम दो दिन बाद जाने वाले थे।

प्रेग्नेंसी के लिए बनाए जाने वाले होम टेस्ट कई बार गलत रिज़ल्ट भी देते हैं। इसलिए बेहतर होगा कि एक की जगह दो बार टेस्ट करें। साथ ही कई बार उस पर आने वाली लाइन्स पूरी तरह गहरी नहीं होतीं, जो हमारे खून में पाये जाने वाले hcg (ह्यूमन कोरियोनिक गोनाडोट्रापिन, यह महिलाओं में आमतौर पर बनने वाला एक हार्मोन है, जो महिला के गर्भ ठहरने के 10 दिन उसके खून या यूरिन में स्रावित होता है) पर निर्भर करती हैं। माहवारी का समय निकल जाने के लगभग 20 दिन बाद होम टेस्ट में पूरी तरह साफ़ पता चलता है। सलाह यही दी जाती है कि होम टेस्ट के लिए सुबह के मूत्र का इस्तेमाल करें। यदि आपका होम टेस्ट दो-तीन बार करने पर भी नेगेटिव आया है, और आपके मन में शंका है तो माहवारी आने के लिए किसी भी प्रकार की दवाई (डॉक्टर की सलाह पर) खाने से पहले एक बार अपना hcg टेस्ट या खून की जाँच ज़रूर करवा लें। कहीं ऐसा न हो कि कोई आते-आते चला जाये।

~

आख़िरकार वह दिन आ गया जब हम डॉक्टर के पास पहुँचे। डॉक्टर को दिखाकर यह जानना था कि मैं माँ बनने वाली हूँ या नहीं। जहाँ माहवारी का समय निकल जाने से मन में उम्मीद थी, वहीं लगातार होने वाले माहवारी के दिनों जैसे हल्के-हल्के पेट दर्द ने कुछ नाउम्मीदी भर दी थी। हम सभी उलझी हुई शक्लें लेकर डॉक्टर के सामने बैठे थे। पेट में उठने वाले हल्के दर्द की वजह से डॉक्टर ने हमें सोनोग्राफ़ी कराने की सलाह दी। उनका मानना था कि सोनोग्राफ़ी से स्थिति साफ़ हो जायेगी। डर उन्हें भी लग रहा था...कहीं यह पेट दर्द एटोपिक प्रेग्नेंसी की निशानी तो नहीं।

~

एटोपिक प्रेग्नेंसी वह होती है, जिसमें फ़ीटस यानी भ्रूण गर्भाशय के बाहर विकसित होने लगता है। ऐसा अधिकतर फेलोपियन ट्यूब में होता है। यह स्थिति ख़तरनाक बन सकती है क्योंकि यदि भ्रूण उसमें बढ़ता गया तो फेलोपियन ट्यूब फट सकती है। जो एक दुखद अंत बनती है। बच्चा तो जाता ही है, माँ की जान को भी बहुत खतरा होता है। हालाँकि डॉक्टर एटोपिक प्रेग्नेंसी का शुरू के हफ़्तों में होने वाली जाँच से ही पता लगा लेते हैं। लेकिन फिर भी यदि इस माह आपकी माहवारी नहीं आयी है, आपको श्रोणी में कुछ-कुछ

माहवारी जैसा दर्द हो रहा है, या रुक-रुककर या न के बराबर खून निकल रहा है तो सतर्क हो जायें और तुरन्त जाँच कराएँ। गर्भावस्था के शुरुआती हफ़्तों में होने वाले अन्य लक्षण भी एटोपिक प्रेग्नेंसी से मेल खाते हैं, जैसे उल्टी, मॉर्निंग सिकनेस, कुछ अजीब सी फ़ीलिंग, शरीर के एक हिस्से में दर्द, कमज़ोरी, कन्धों या गर्दन में दर्द।

पाँच हफ़्ते बीत चुके हैं, आपकी माहवारी अब तक नहीं आयी है, लेकिन अल्ट्रा साउंड में कोई भी *yolk sac* (*yolk sac* का अर्थ वैसे तो अंडे की जर्दी की थैली यानी उसका खोल होता है, मानव के लिए वह चीज़ जिसमें हमारा भ्रूण नौ माह तक पलता है, लेकिन मैं यहाँ समझाने के लिए उसे भ्रूण लिख रही हूँ) या *gestational sac* (भ्रूण) नहीं दिखा, जो शुरुआती गर्भावस्था में दिखता है। हाँ, पर तुम्हारा यूरिन टेस्ट पॉज़िटिव है इसलिए एक उम्मीद के साथ कुछ दवाइयाँ और इंजेक्शन देते हैं, दो हफ़्ते बाद फिर सोनोग्राफ़ी करके ही कुछ पता चलेगा।

सोनोग्राफ़ी और यूरिन टेस्ट की लम्बी-लम्बी रपट देखते हुए, डॉक्टर ने सिर्फ़ इतना कहा था।

स्थिति फिर वहीं अटक गयी जहाँ पहले थी। आधी खुशी, आधी उलझन। हमारे पास इंतज़ार के अलावा कोई दूसरा रास्ता नहीं था। यूरिन टेस्ट पॉज़िटिव देखते हुए इंतज़ार के साथ-साथ हमने दो हफ़्तों के लिए उदासी को छोड़कर खुशी का साथ देने का निर्णय लिया। हॉस्पिटल के बाद हम एक रिश्तेदार के घर गए। वहाँ सभी मेरा बेसब्री से इंतज़ार कर रहे थे। सबने मुझे घेर लिया। ''मेरे घर आयी एक नन्ही परी'' गाना सभी बहुत खुशी, जोश और स्नेह से मेरे लिए गाते हुए मेरे चारों ओर घूम रहे थे। वह एक ऐसा पल था जब सब कुछ बहुत खूबसूरत लगने लगा। प्रेम से भी अधिक प्यारा। शायद उससे प्यारा कुछ भी नहीं हो सकता। अचानक से आप ज़मीन से उठकर आसमान में उड़ने लगते हों। वह वक्त जिसे किसी भी अंदाज़ में पूरी तरह लिखा या बयान नहीं किया जा सकता।

खुशी के उस दायरे में आते ही भ्रूण न दिखने की वजह से उपजे सारे नकारात्मक ख़याल जा चुके थे। मैं दिलो-जान से बच्चे को चाहने लगी थी।

~

सब ठीक था, कि डॉक्टर के यहाँ से आने के तीन दिन बाद शाम के वक्त पैंटी पर खून की कुछ बूँदें दिखीं। मैं बहुत ज्यादा घबरा गयी, तुरन्त अपनी सासू-माँ

को सूचित किया। एक पल को उनके चेहरे के भाव देखकर लगा जैसे मैंने उनकी सारी खुशियाँ छीन ली हों। वे भी बहुत घबरा गयीं, पर ब्लीडिंग बहुत कम हुई थी इसलिए उन्होंने मुझे परेशान न होने की हिदायत के साथ शान्ति से सोने और अगले दिन डॉक्टर से बात करने की सलाह दी।

मैं मन-ही-मन खुद को कोसने लगी थी। *''काश मैं कुछ और दिन बाद प्रेग्नेंट होती''* के अपने ख़याल पर पछता रही थी। माँ से उसका बच्चा किसी भी स्थिति में छीना जाये, या माँ किसी भी स्थिति में अनजाने ही सही अपने बच्चे को तकलीफ़ दे, दर्द माँ को बहुत होता है। यह मेरी पहली खुशी थी। ऐसे में मन दुविधाओं और खुद को कोसने वाली ढेरों उलाहनाओं से भर गया था। मेरे पति भी परेशान थे, लेकिन अपनी परेशानी को छुपाते हुए, मेरे मन को समझते हुए, एक बहुत बड़े सहारे के रूप में वे साथ आये।

घंटों लगाकर उन्होंने इन्टरनेट से सम्बन्धित जानकारी इकट्ठा की। अपने डॉक्टर दोस्तों से बातें कीं। फिर बहुत हिम्मत और धैर्य से मेरा हाथ थामकर मुझे समझाया कि डरने की कोई ज़रूरत नहीं है, जब अंडाणु अंकुरित होकर गर्भाशय में पहुँच जाते हैं किसी-किसी का हल्का रक्त-स्राव होता है।

~

अगर आपको लगता है कि आप माँ बनने वाली हैं, माहवारी की तारीख से ऊपर हुए महीना होने को है। ऐसे में यदि आपको कुछ बूँदें हल्के गुलाबी खून की आती हैं तो घबराइए मत। यह इम्प्लांटेशन ब्लीडिंग यानी भ्रूण के अपनी जड़ जमा लेने की निशानी है। यदि यह ब्लीडिंग चौबीस घंटे के भीतर अधिक बढ़ती है या माहवारी जैसी मरोड़ें पेट में उठने लगें तब आपको तुरन्त डॉक्टर के पास जाने की ज़रूरत है। अन्यथा सब ठीक है।

~

''जब कोई पत्नी किसी भी वजह से कमज़ोर पड़ती है, और एक ऐसे दौर से गुज़र रही होती है, जिसकी तकलीफ़ सिर्फ औरतों के लिए बनी हो, तब अगर उसका पति औरतों वाली सारी बातें पढ़कर-समझकर उसके साथ हो, उसे समझाए, उसके अन्दर चल रही नकारात्मकता को खत्म करने में सहायक बने, तो उसे दुनिया का सबसे अच्छा मर्द और सबसे अच्छा पति मान लेना चाहिए। फिर चाहे सामान्य दिनों में वह अपनी गीली टॉवल बिस्तर पर रखता

हो, अपने गंदे मोज़े यहाँ-वहाँ पटकता हो, अपने अंडर-गारमेंट्स न धोता हो, या फिर स्पोर्ट्स क्लब से आने के बाद अपनी पसीने से भरी टी-शर्ट आपको सताने के लिए बच्चों की तरह आपके ऊपर फेंक देता हो।''

वह दुनिया का सबसे प्यारा पति इस ख़ातिर है, क्योंकि वह तब आपके साथ है जब आपको उसकी सबसे ज़्यादा ज़रूरत है।

मेरे पति ने भी मेरा पूरा साथ दिया। पहले दो-तीन दिन जब मामूली खून के धब्बे दिखे तो हमें यही लगा कि इम्प्लांटेशन ब्लीडिंग है, लेकिन जब डॉक्टर को दिखाया, उराने नॉर्मल और वजाइनल दोनों तरह से सोनोग्राफ़ी की तो उसे मेरे गर्भाशय में भ्रूण बनने से पहले होने वाली प्रक्रिया का कोई नामोनिशान नहीं मिला। रिपोर्ट आते ही उसने कहा, ''मुझे नहीं लगता यद् प्रेग्नेंसी आगे जायेगी।''

डॉक्टर के केबिन में खड़े हम सभी एक-दूसरे के चेहरे देख रहे थे। सभी भावशून्य थे। मैं अपने पति को और वो मुझे आँखों-ही-आँखों में हिम्मत बँधा रहे थे। उस वक्त हमें और कुछ नहीं चाहिए था, हम बस एक-दूसरे के गले लगकर अपने आप को सांत्वना देना चाहते थे। सोचा नहीं था कि वह बच्चा जिसके होने पर हम कुछ दिन पहले घबरा रहे थे, कुछ और वक्त माँग रहे थे, जब वह बिना आये ही चला जायेगा तब हम पर क्या बीतेगी...मेरी सास ने मेरे कन्धों पर सांत्वना से भरा, ममता से भरा हाथ रखा। एक गाँ, दूसरी माँ का दर्द समझ लेती है। उन्हें पता था कि उस समय मुझे न सिर्फ़ हिम्मत की ज़रूरत है, बल्कि ममत्व की भी। उनकी भी आँखें दु:ख में डूबी थीं। उस दिन अस्पताल से घर तक का रास्ता बहुत कठिन लगा। लगा जैसे घर न जाकर कहीं ऐसी जगह जाया जाये कि हम घर खुशखबर लेकर ही पहुँचें। घर का माहौल भी अचानक से उस सूखे पौधे की तरह हो गया जो एक रात पहले हरा-भरा था, पर अगली ही सुबह सूख चुका था। सब न सिर्फ़ दुखी थे बल्कि मन-ही-मन उस कारण को भी खोज रहे थे जिसके कारण ऐसा हुआ, पर कारण खोजने से कहाँ मिलते हैं। मिलता है तो सिर्फ़ दु:ख और उदासी। वही कुछ वक्त के लिए हम सबके हिस्से में भी आया।

~

मेरी पहली गर्भावस्था डॉक्टर्स द्वारा 'केमिकल प्रेग्नेंसी' घोषित हो चुकी थी। सामान्य भाषा में इसे मिसकैरिज या गर्भपात ही कहा जाता है, लेकिन इसका असली या वैज्ञानिक नाम 'केमिकल प्रेग्नेंसी' है। इसमें शुक्राणु, अंडाणु को

अंकुरित तो करता है लेकिन अंडाणु गर्भाशय में स्थापित नहीं हो पाता। इसके होने के जो मुख्य कारण सामने आते हैं उनमें से एक है आपके शरीर में कुछ ज़रूरी पोषक तत्वों की कमी, जो उस अंडे को उतना पोषण नहीं दे पाते कि वह आगे का सफ़र तय कर सके। कई महिलाओं को जिनकी माहवारी अक्सर समय पर नहीं आती या सामान्य माहवारी चक्र वालों को भी कई बार यह पता चलने से पहले ही माहवारी आ जाती है कि उनके भीतर कोई अंडा अंकुरित भी हुआ था, या वो माँ बनने वाली थीं।

हमारे उदास चेहरे देखकर डॉक्टर ने हमसे कहा कि, ''वैसे तो ऐसे मामलों में मैं माहवारी आ जाने की दवाई देती हूँ, ताकि आगे दिक्कत न हो। लेकिन आप दोनों को देखकर कहूँगी कि आप लोग एक-दो दिन और देख लें, और 72 घंटे के अंतराल से अपना hcg टेस्ट करा लें, अगर 72 घंटे में आपके hcg का स्तर दुगना हो गया तो मतलब आपकी गर्भावस्था आगे बढ़ेगी, वरना नहीं। उससे पूरी तरह साफ़ हो जायेगा...परेशान होने की ज़रूरत नहीं है...अभी आपके पास बहुत समय है...आज नहीं तो कल...खुश हो जाइए कि आपके भीतर माँ बनने की सारी शारीरिक क्षमताएँ हैं।''

उस दिन डॉक्टर की उस बात ने हमें थोड़ी हिम्मत बँधाई थी। हमने निश्चित कर लिया था कि इतनी आसानी से हार नहीं मानेंगे। hcg टेस्ट कराकर उम्मीद को बाँधे रखेंगे। माँ बनना वाकई में एक ऐसी जादुई खुशी होती है, जिसे आप आसानी से जाने नहीं दे सकते। हमने तुरन्त hcg की जाँच के लिए खून दे दिया। अब दो दिन इंतज़ार करना था। इंतज़ार के ये दिन बहुत भारी बीतने वाले थे। हर वक्त मन में ये खटका लगा रहता कि कहीं ब्लीडिंग बढ़ न जाये। क्या होगा अगर डॉक्टर की कही बात सच हो गयी तो। मैं खुद को रोने से हर पल रोकती थी। हिम्मत बँधाती थी। फिर दिन के कुछ घंटे बाद वही क्रम दोहराती थी। लेकिन कहते हैं न, जो होना है सो होकर रहता है। वक्त हमारे लिए वो वक्त भी तय कर चुका था जब हमें अपनी पहली खुशी को अलविदा कहना था। डाइनिंग हॉल में बैठे सभी मेरा इंतज़ार कर रहे थे, जब मैंने सबको ये दुःख भरी खबर दी थी कि अब hcg टेस्ट की रिपोर्ट का इंतज़ार करने का कोई फ़ायदा नहीं। हैवी ब्लीडिंग यानी भारी रक्त-स्राव ने माहवारी के आने की सूचना दे दी थी। मेरे बच्चे के जाने की भी। उम्मीद ने भी बड़ी उम्मीद से मेरे मन के किसी कोने में जो एक लौ जला रखी थी, वो आखिरकार बुझ गयी।

पूरी तरह साफ़ हो चुका था कि मैं माँ बनने का एक मौका गँवा चुकी हूँ। पंद्रह दिन में ही हम उस खुशी से इतना ज्यादा जुड़ चुके थे कि जब माहवारी में खून के बड़े-बड़े थक्के निकले तो लगा जैसे मेरा बच्चा टुकड़ों में निकल रहा हो। मैं मिनटों तक बाथरूम में बैठी रोती रहती, और हर बार बस उस पल को कोसती जिसमें मैंने उस गर्भ को न चाहने के बारे में अनजाने में सोचा था।

ऐसे में एक बार फिर मेरे पति ने साथ दिया। तकनीकी बातें समझाकर मेरे मन के उस डर को हल्का किया जिसमें मुझे लग रहा था कि मेरा बच्चा टुकड़ों में निकल रहा है। जबकि बच्चा तो तब तक बना ही नहीं था। चूँकि, अंडाणु अंकुरित हो चुका था, इसलिए गर्भाशय की दीवार ने खून जमा कर-करके आने वाले बच्चे के लिए खुद को तैयार करना शुरू कर दिया था, और जब वह बच्चा नहीं आया तो गर्भाशय की दीवार से खून की परत टूटकर खून के थक्के बनकर बाहर निकलने लगी। मैं तीन दिन हुई उस ब्लीडिंग से सदमे में थी। न सिर्फ़ मानसिक रूप से टूट चुकी थी, बल्कि शारीरिक रूप से भी। उन चंद दिनों में चले भावनात्मक रोलर-कोस्टर से अगर मैं बिना किसी पीड़ा के बाहर निकल पाई तो इसका सबसे बड़ा कारण मेरे पति हैं। जब पेट में खलबत्ता कुछ कूट रहा हो, और आप हर तीन घंटे में खून से सने पेड्स बदल रहे हों, तब अगर कुछ दवा का काम कर सकता है तो वही वाकई आपके साथी का साथ है। इसके अलावा सब सिर्फ़ कहने की बातें हैं।

~

जब आप तकलीफ़ में हों तो दो ही चीजें काम आती हैं, एक तो यदि कोई आपको दुलार दे, और दूसरा यदि कोई आपको आपकी तकलीफ़ से बड़ी तकलीफ़ के बारे में बता दे। मेरी माँ ने मेरे कठिन समय में ये दोनों ही काम किए। फ़ोन पर ही सही मुझे खूब दुलारा। और एक दिन समय देखकर अपनी उस तकलीफ़ के बारे में बताया जो मेरी तकलीफ़ से बहुत बड़ी थी। मैं बचपन से माँ से सुनते हुए आयी थी कि मेरे जन्म के एक साल के भीतर ही माँ का एक गर्भपात हुआ था। एक और बेटी हुई थी, जो किन्हीं कारणों से बच नहीं पाई थी। उस दिन माँ ने पूरी बात बताई—

तुम्हारे बाद मेरे गर्भ में जो बच्चा था उसका आठवें महीने में गर्भपात हुआ। मेरा पेट अचानक से बहुत बढ़ने लगा था। हमारे ज़माने में दाइयाँ देखकर बता देती थीं कि बच्चा ठीक है या नहीं। मोहल्ले में रहने वाली दाई ने जब मेरा पेट

देखा तो बोली आप तुरन्त डॉक्टर को दिखाओ। बच्चा ठीक नहीं है। उस समय हम ग्वालियर के डॉक्टर को दिखाते थे। क्योंकि ससुराल वहीं थी, और डिलीवरी भी वहीं होनी थी। जब हम डॉक्टर के पास पहुँचे तो उसने चेकअप करके बताया कि मेरे पेट में पानी बहुत बढ़ गया है। जिससे बच्चे का सिर गल गया। तुरन्त निकालना पड़ेगा, वरना मेरी जान भी जा सकती है। डॉक्टर ने नैसर्गिक तरीके से ढेरों इंजेक्शन और ग्लूकोज़ की बोतल चढ़ाकर उस बच्चे को गले हुए सिर के साथ बाहर निकाला। एक अधमरी जान को नॉर्मल और ज़बरदस्ती बाहर निकालना कितना तकलीफ़देय हो सकता है, यह मैं कहकर नहीं बता सकती। उसके बाद मेरी हालत बहुत बिगड़ गयी। मैं अपने दम पर खड़ी भी नहीं हो पाती थी। बहुत मुश्किल से शरीर और मन दोनों सँभल पाये।

माँ ने जब अपने उस गर्भपात के बारे में मुझे विस्तार में बताया तो मैं अपना सारा दुःख भूल गयी। मेरे अन्दर तो अभी जान बन भी नहीं पाई थी, सिर्फ़ उम्मीद बनी थी। माँ ने तो आठ माह तक उसे जिया फिर खो दिया। तकलीफ़ भी तकलीफ़ को खत्म कर सकती है, इस बात का एहसास तब हुआ जब माँ के उस सालों पुराने शोक के आगे मुझे अपना दर्द बहुत कम लगने लगा।

~

अपने गर्भपात के समय में मैंने अंग्रेज़ी डॉक्टर की सलाह के ऊपर एक आयुर्वेदिक डॉक्टर की सलाह को अहमियत दी। इस तरह की परिस्थिति में घर की बड़ी-बुजुर्ग, अनुभवी महिलाओं की भी एक विशेष भूमिका होती है, जिसे मेरी माँ ने बखूबी निभाया।

बकौल डॉक्टर्स, अंडाणु अंकुरित हो चुका था इसलिए D&C (इसका अर्थ है, डायलटेशन एंड क्यूरोटाज। इस प्रक्रिया में छोटे ऑपरेशन द्वारा गर्भाशय की जाँच एवं सफ़ाई की जाती है।) ही एक उपाय था, ताकि गर्भाशय अन्दर से पूरी तरह साफ़ हो सके, लेकिन मैं अपने गर्भाशय को साफ़ करने के लिए D&C की जगह घरेलू उपचारों का सहारा लेना चाहती थी। इस व्यावसायिक युग में जहाँ चिकित्सा भी पेशा बन गया, वहाँ किसी भी डॉक्टरी सलाह पर आँख बन्द करके भरोसा करने से पहले मैं अपने स्तर पर हर तरफ़ से छानबीन और उपचारों को पता कर लेना चाहती थी। चूँकि मेरी गर्भावस्था 'फेटलपोल' यानी बच्चा बनने से पहले ही ख़त्म हो गयी थी, इसलिए मैं अपनी सबसे अहम चीज़ को औज़ारों और केमिकलों से दूर रखना चाहती थी, ताकि मुझे

भविष्य में कोई दिक्कत न हो। इसलिए जैसे ही मुझे गर्भपात की सूचना देने वाली हैवी ब्लीडिंग शुरू हुई, मेरी माँ और सास दोनों ने अपना घरेलू इलाज शुरू कर दिया, ताकि यूट्रस में कोई भी जमा खून न रह पाये जो भविष्य में होने वाले बच्चे को हानि पहुँचा सकता था—

उन घरेलू इलाजों में था,

—जब तक ब्लीडिंग हो रही हो तब तक अजवाइन का उबला पानी पीना।

—जब तक ब्लीडिंग हो रही हो, तब तक प्रतिदिन सुबह-शाम एक चम्मच हल्दी को कच्चा खाना, या आधा कटोरी गुनगुने दूध में मिलाकर पीना।

—सुबह खाली पेट, सोंठ और घी से बना पाक दो चम्मच।

इन तीन घरेलू इलाजों के साथ मेरा गर्भाशय गर्भपात होने के बाद की पहली ब्लीडिंग में ही पूरी तरह साफ़ हो चुका था। असल में, गर्भाशय ने अपनी खून से बनी दीवारों को जो उसने मेरे आने वाले बच्चे के लिए एक महीने में बनाई थीं, को तोड़कर, बड़े-बड़े जमा खून के थक्के निकालकर, ब्लीडिंग भी चार दिन में पूरी तरह ख़त्म कर दी थी। जो प्राकृतिक रूप से सब कुछ ठीक होने की एक अच्छी निशानी थी। अब मुझे एक महीना इंतज़ार करना था, और यह देखना था कि क्या हमेशा की तरह अगले महीने भी मेरी माहवारी समय पर आकर सामान्य ब्लीडिंग के साथ निकल जायेगी या आगे कोई परेशानी होगी। उसी पर निर्भर करने वाला था कि मैं दोबारा कब माँ बन सकती हूँ।

अगर आपके साथ कभी ऐसा होता है, या केमिकल प्रेग्नेंसी की तकलीफ़ होती है, तो D&C कराने की जल्दी न करें, आप अपने गर्भाशय को जितना औज़ारों से दूर रखेंगी उतना शारीरिक रूप से स्वस्थ रहेंगी, हमारी दादी-नानी के बताये नुस्ख़े या देसी तरीके, जो इन हालातों में गर्भाशय को साफ़ करने के लिए कारगर हैं उन पर अमल करना दकियानूसी नहीं बल्कि अपने शरीर को प्राकृतिक रूप से मज़बूत करने का एक तरीका है। यहाँ, उससे भी ज़रूरी बात यह है कि किसी भी निर्णय पर पहुँचने से पहले सम्बन्धित लेख, किताबें या उपलब्ध जानकारी अच्छी तरह पढ़ें, इन्टरनेट पर बहुत कुछ उपलब्ध है हमारे लिए...एक डॉक्टर की सलाह के बाद भी यदि दिल राज़ी न हो तो दूसरी या तीसरी सलाह लेने में कोई दिक्कत नहीं है। जब तक सन्तुष्टि न मिले कोई भी कदम नहीं उठाना चाहिए। मैं अपने ऊपर इस बात को अमल करती हूँ। आप भी चाहें तो मान लें।

~

हमारे देश में रसोई में सब्ज़ी छौंकना और बेडरूम में दरवाज़े के पीछे बच्चा पैदा करना, एक बराबर माना जाता है। माने सब्ज़ी हो या बच्चा पैदा करना हो, बेटी से बहू बनते ही लड़की रातोरात सर्वज्ञानी मान ली जाती है। मसालदानी के जो मसाले उसने अपने मायके में देखे तक नहीं होते उनकी कितनी चम्मचें सब्ज़ी में उड़ेलनी हैं, इस हिसाब-किताब की उम्मीद उससे पहली रसोई में ही कर ली जाती है। ठीक वैसे ही जैसे जब बहू पहली रात के बाद कमरे से बाहर निकलती है तो यही उम्मीद कर ली जाती है कि अब इसकी माहवारी नहीं आयेगी, बल्कि उल्टियों की आवाज़ें आयेंगी। वो शारीरिक रूप से या मानसिक रूप से एक नई ज़िन्दगी को दुनिया में लाने के लिए तैयार है भी या नहीं, इससे किसी को कोई सरोकार नहीं होता। सही मायनों में उसे ख़ुद को भी नहीं होता। अच्छी बहू बनने का तमगा हमें कैसे भी मिल जाये बस, इसी लालसा में हम बहुएँ सब कुछ करने को तैयार हो जाती हैं। सब कुछ माने सब कुछ।

बच्चा पैदा करना भी इसी 'सब कुछ' में आता है। मैं कोई ज़ात-बाहर थोड़ी हूँ, उसी ज़ात की हूँ जिसमें अपने को भूलकर दूसरों के लिए जीने की नसीहत हमें पैदा होते ही मिलने लगती है। ''तुम लड़की हो, तुम्हें हमेशा औरों के अरमानों का खयाल रखना है।'' इसी सोच के साथ मैं भी बड़ी हुई थी। फ़र्क सिर्फ़ इतना था कि जहाँ पिता मुझे झुकना सिखाते थे, वहीं मेरी माँ मुझे जीना सिखाती थीं, वे उन माँओं में से हैं जो अपनी बेटियों को घुट-घुटकर मरने की सलाह नहीं देतीं, बल्कि उन्हें समझाती हैं कि तुम्हारी आत्मा जब तक दुखी है तुम औरों को खुश नहीं रख सकतीं। इसलिए पहले खुद से प्यार करना सीखो। इन सब के बावजूद मेरी माँ ने भी मुझे गर्भावस्था या उससे सम्बन्धित कोई शिक्षा नहीं दी थी। हाँ, गर्भ ठहरने के बाद क्या करना चाहिए और क्या नहीं, यह उन्होंने बखूबी पूरे नौ महीने तक बताया।

मुझे माँ कब बनना है? क्यों बनना है। मेरा शरीर तैयार है कि नहीं? मेरी दिनचर्या और घर का माहौल वैसा है या नहीं? मैं नए घर में एडजस्ट हुई या नहीं? मेरे 'वर्क फ्रॉम होम' से मुझे बच्चा पालने जितना समय मिल पाता है या नहीं, आदि-आदि सवाल न किसी ने मुझसे किए, न बताए, न ही मैंने खुद से पूछे। हालाँकि अपनी पहली गर्भावस्था मेरे तय किए गए समय के मुताबिक नहीं आयी, लेकिन यह भी नहीं सोचा था कि न हो। 'जब जो हो जाये सो बढ़िया' वाला हाल था। नतीजा यही निकला कि रोम और वेनिस

में कंधे पर बैग-पैक लाद-लाद कर हमने जो घुमाई की, वह मेरे शरीर पर भारी हो गयी, जिससे शरीर के वर्तमान हालात एक बच्चे को भरपूर पोषण देने के नहीं बने। नतीजा यह निकला कि मैं अपने पहले गर्भपात के बाद एक मानसिक ट्रोमा में चली गयी। यही वो दर्द होता है जिसे दूसरे थोड़ी मुश्किल से समझ पाते हैं। न समझने तक ठीक है लेकिन ऐसी स्थिति में आपसे सामान्य व्यवहार की उम्मीद करने वाले निर्दयी लोगों को आप क्या कहेंगे ?

मैं पिछले पाँच साल से बच्चे के लिए कोशिश कर रही हूँ। हर बार तीन महीने का होकर मेरा गर्भपात हो जाता है। हर माँ की तरह मैं भी अपने बच्चे के लिए सपने देखने लगी थी। सब मेरा बहुत खयाल रखने लगे थे। हर तरफ़ खुशी ही खुशी थी। लेकिन फिर अचानक एक दिन पेट में दर्द हुआ और सब कुछ खत्म हो गया। मेरी सास का प्यार और परवाह भी। गर्भपात के बाद पंद्रह दिन तक मेरी हालत बहुत नाजुक रही। क्योंकि गर्भपात प्राकृतिक रूप से हुआ था इसलिए किसी को नहीं लगा कि मुझे कोई विशेष देखभाल की ज़रूरत है। मेरी सास उम्मीद करती थीं कि मैं पहले की ही तरह हँसूँ बोलूँ, काम करूँ। मेरे ऐसा न करने पर वे मुझे ताने मारती थीं। दूसरे और तीसरे एबॉर्शन के बाद तो उन्होंने मुझे मेरे मुँह पर बाँझ कहकर ज़लील करना शुरू कर दिया। अब वे मेरे और मेरे पति के बीच दीवार बनने की कोशिश करती हैं।

मेरी शादी को तीन महीने हुए हैं। शादी के पाँच दिन बाद से मुझे घर गृहस्थी की सारी ज़िम्मेदारी सौंप दी गयी। पिछले महीने मेरा गर्भपात हुआ। खुशियाँ अचानक तंज में बदल गयीं। मैं कमरे में अकेले पड़ी रहती थी। सास सिर्फ़ खाना देने आती थी। ननद कभी हाल-चाल पूछने भी नहीं आती थी। पाँच दिन बाद ब्लीडिंग बन्द होते ही मुझे कमरे में न रहने, और आराम न करने की हिदायत दी गयी। घर में नौकर-चाकर होते हुए भी सास चाहती हैं कि मैं सुबह छह बजे कमरे से निकलूँ और रात को 10 बजे कमरे में जाऊँ। काम के अलावा दिन का बाकी समय सास या ननद के साथ बिताऊँ। मैं यदि दिन में कमरे में आती हूँ और पति भी उस समय कमरे में आ जाते हैं तो वे कहती हैं कि दरवाज़ा बन्द मत करना। शादी के एक महीने बाद से वे मुझे

बच्चे के लिए कहने लगी हैं। क्या रात को 10 बजे थककर कमरे में जाकर हिम्मत बचेगी कि मैं पति के साथ सहवास कर सकूँ? क्या सिर्फ़ बच्चा पैदा करने के लिए ही सहवास किया जाना चाहिए? क्या पति, पत्नी का एक-दूसरे को जानना और प्रेम के लिए समय देना ज़रूरी नहीं? क्या ऐसी स्थिति में मेरा शरीर एक बच्चे के लिए तैयार होगा?

ये वे ख़त थे जो मुझे एक अखबार में नियमित गर्भावस्था से संबंधित स्तम्भ लिखते समय अपने अनुभव बाँटने के बाद अपनी पाठिकाओं से हासिल हुए थे। इन पत्रों को पढ़कर मुझे अपनी तकलीफ़ अपने मन और तन दोनों से हारी इन महिलाओं के दु:ख के सामने बहुत कम नज़र आने लगी।

इतना तय है कि इन पातियों को पढ़ने के बाद यदि आपके भाव भी विचलित हो उठे हैं तो आप अभी भावहीन नहीं हुए हैं। यहाँ हमें यह समझने की बहुत आवश्यकता है कि बच्चा पैदा होने के बाद किसी स्त्री को शुरुआती दिनों में जितनी देखभाल और परवाह की ज़रूरत होती है उससे कई गुना ज्यादा देखभाल और परवाह की ज़रूरत उसे तब होती है जब उसने अपना बच्चा खो दिया है। सिर्फ़ आपके खानदान का चिराग या आपके बेटे का अंश नहीं गया है, बल्कि एक औरत के भीतर अचानक से हारमोंस का भूकंप आ गया है।

कहाँ कुछ घंटे पहले उसका एच.सी.जी. स्तर दिन दूना रात चौगुना बढ़ रहा था, कहाँ अचानक वह घटने लगेगा। कहाँ पहले हारमोंस बच्चे के होने के साथ वाले परिवर्तन ला रहे थे, कहाँ उसके जाने के बाद अचानक होने वाली ब्लीडिंग से परिवर्तन हो रहे हैं। गर्भपात के बाद वाली स्थिति में स्त्री शारीरिक और मानसिक दोनों रूप में टूटती है। कई मामलों में गर्भपात अचानक घर पर ही हो जाता है। यदि ऐसा तीसरे माह के बाद हो तो वह माँ के लिए मानसिक स्तर पर और भी ज्यादा घातक सिद्ध होता है, क्योंकि उसने अपने भीतर से जो निकलते देखा वह केवल माँस का कोई टुकड़ा नहीं था, बल्कि उसके कलेजे का टुकड़ा था। वह बच्चा, जिसकी हँसी सुनने का वह इंतज़ार कर रही थी, वह निष्प्राण होकर उसके शरीर से बाहर जा रहा था। सोचिये उसकी हालत कैसी होगी?

गर्भपात प्राकृतिक रूप से हो जाये या कोई खुद से किसी दबाव में कराए, हार्मोन्स परिवर्तन के साथ-साथ कई अन्य ऐसे लक्षण हैं जो स्त्री को काफ़ी हद तक परेशान कर देते हैं। हैवी ब्लीडिंग, गर्भाशय ग्रीवा, गर्भाशय या किसी अन्य अंग का क्षतिग्रस्त होना, संक्रमण, बुखार, पेट के निचले हिस्से में

भयानक दर्द। यह दर्द कई बार इस हद तक होता है कि खड़ा होना या बैठना ही सम्भव नहीं होता। जैसे हर प्रेग्नेंसी अपने आप में निराली होती है, वैसे ही गर्भपात के बाद होने वाली पीड़ा भी हर स्त्री की अलग होती है। ये सभी चीज़ें, उस महिला की व्यक्तिगत शारीरिक बनावट पर निर्भर करती हैं। इन हालातों में कई दफ़ा महिला की जान जाने की सम्भावनाएँ भी पैदा हो जाती हैं। हालाँकि गर्भपात के बाद होने वाले उपचारों से महिलाएँ ठीक हो जाती हैं, लेकिन कई बार उपचारों के बाद भी इन्फेक्शन रह जाने से लम्बे समय की बीमारी या दोबारा गर्भ धारण न कर पाने जैसे रोग महिला को तोड़ देते हैं। विशेषज्ञों का मानना है कि 3 से 5 प्रतिशत गर्भपात के मामलों में ऑपरेशनल प्रक्रिया के दौरान कुछ ऐसी क्षति हो जाती है जिससे वह महिला कभी फिर माँ नहीं बन पाती। D&C को इसलिए आयुर्वेद पूर्णतः सुरक्षित नहीं मानता। एक रिसर्च के मुताबिक, 5 से 8 प्रतिशत महिलाओं में गर्भपात के बाद होने वाले संक्रमण से यह खतरा बना कि उनकी अगली प्रेग्नेंसी एटोपिक प्रेग्नेंसी निकली।

~

गर्भपात के कई सारे कारण हो सकते हैं। जिनमें एक बहुत ही बुनियादी और सभी में समान होता है, जो है शरीर का क्षमता से अधिक थकना। यदि आपका शरीर अपनी क्षमताओं से अधिक कार्य कर रहा है या फिर आप किन्हीं भी कारणों से उसे अधिक थका रही हैं, तो आपको गर्भ धारण में मुश्किलें आ सकती हैं। बच्चा बनने के लिए उसे सम्पूर्ण पोषण मिलना ज़रूरी है। डॉक्टर सलाह देते हैं कि गर्भ धारण के कम-से-कम दो माह पहले से फ़ोलिक एसिड की एक टेबलेट रोज़ लेना शुरू कर दें, ताकि वह आपके शरीर में बच्चे की ज़रूरत के लिए तैयारियाँ कर ले। कई बार डॉक्टर आपके शरीर के हिसाब से गर्भ धारण से पहले ज़िंक का सीरप या टेबलेट की भी सलाह देते हैं। ऐसा समझ लें कि, फ़ोलिक एसिड भोजन का नमक है, और ज़िंक मिर्ची। भोजन में नमक तो होना ही चाहिए, मिर्ची का होना न होना एवं कितना होना, खाने वाले पर निर्भर करेगा, इसलिए गर्भ धारण से पहले अपने शरीर को फ़िजूल थकाना कम कर दें और फ़ोलिक एसिड एवं ज़िंक ज़रूर लें, लेकिन सिर्फ़ डॉक्टर से सलाह लेकर ही।

~

इन सभी शारीरिक लक्षणों के अलावा यदि इस स्थिति में कुछ घातक है तो वह है मानसिक पीड़ा। मानसिक पीड़ा भी सिर्फ़ यह कहकर नहीं टाली जा सकती कि 'मूड खराब है, ठीक हो जायेगा।' बहुत ध्यान देने की ज़रूरत है।

नाम तो ठीक-ठीक याद नहीं, लेकिन बचपन में एक फ़िल्म देखी थी, जिसमें एक औरत का बच्चा जन्म से पहले ही मर जाता है। यानी गर्भपात हो जाता है, और वह औरत पागल हो जाती है। बेशक फ़िल्म थी, तो अतिशयोक्ति भी होगी, लेकिन काफ़ी हद तक महिलाएँ इसी तरह से मानसिक रूप से विचलित हो जाती हैं।

ऐसा मेरे साथ ही क्यों हुआ। ये मेरे पाप हैं। मेरी ही किसी गलती की वजह से ऐसा हुआ। ये कुछ ऐसे विचार हैं जो महिलाओं को अन्दर-ही-अन्दर सताते रहते हैं। इसके अलावा, खुद से घृणा, गुस्सा एवं दर्द भी उन्हें बहुत सताता है। नतीजतन कई बार महिलाएँ डिप्रेशन का शिकार होने लगती हैं।

तथ्य कहते हैं, गर्भपात के शुरुआती हफ़्तों में 40 से 60 प्रतिशत महिलाएँ नेगेटिव रिएक्शन यानी हर बात को गलत समझना या नकारात्मक ही सोचना जैसे लक्षणों से घिरी होती हैं। यदि गर्भपात पहले माह या दूसरे माह के बाद होता है तो, उसके बाद आठ हफ़्तों तक हर दूसरी महिला अवसाद एवं अपराधबोध से, तकरीबन 10 में से 4 महिलाएँ मानसिक विकृति से, तकरीबन 20 में से 7 महिलाएँ अनिद्रा से घिरी पाई गयीं। वहीं लगभग एक तिहाई महिलाओं ने अपने वातावरण, तकरीबन दस में से एक प्रतिशत ली गयीं दवाइयों या इलाज को और सैकड़े में बमुश्किल इक्की-दुक्की महिला अपने खान-पान को ज़िम्मेदार ठहराती मिलती हैं।

यहाँ किसी को ज़िम्मेदार ठहराकर कुछ हासिल करने का मेरा उद्देश्य नहीं है, बस इतना कहने की कोशिश है कि गर्भपात के बाद जो खुद अपने बच्चे के जाने के बाद निष्प्राण सी हो जाती है, उसे ज़िन्दगी और उसके दैनिक कार्यों में वापसी के लिए समय देना चाहिए। परिवार और पति का साथ और थोड़ी सी ज्यादा देखभाल उसे ऐसा करने में न सिर्फ़ मदद करेगी बल्कि फिर से हँसने-मुस्कुराने के कारण भी देगी। उसे उसके मानसिक और भावनात्मक स्तर को सँभालने और वापसी करने में आपकी विशेष मदद की ज़रूरत होती है।

यूँ तो मेरे पति और घर के अन्य लोगों ने मेरा बहुत साथ दिया, लेकिन फिर भी कई चीज़ें, बातें और माहौल अनुकूल नहीं था... मेरी मानसिक स्थिति

को समझते हुए मेरे पति कई तरह से मुझे अपनी बातों से बहलाने और समझाने की कोशिश करते थे, ताकि मैं नकारात्मकता से बाहर निकलकर उदासी से दूर हो जाऊँ, और जो घट चुका है उसे भुलाकर आगे के, अच्छे के बारे में सोचूँ।

उसके बाद के कुछ दिन बहुत ही तकलीफ़देह बीते। लेकिन साथ ही कुछ ऐसी घटनाएँ भी हुईं जिन्होंने जीवन भर के लिए मन में निशान छोड़ दिए।

वह मेरे गर्भपात के बाद का दूसरा दिन था। मेरे कमरे में, घर में और मन में सभी जगह उदासी भरी हुई थी। बस एक मेरे पति और ससुर थे जो हरसम्भव कोशिश कर रहे थे कि मेरे चेहरे पर वापस मुस्कुराहट आये। मैं अपने कमरे में लेटी हुई उस हो सकने वाले बच्चे से बातें कर रही थी, जो एक उम्मीद देकर चला गया। रो-रोकर मोटी हो चुकी आँखों के कोनों पर अब भी कुछ बूँदें बाकी थीं।

तब पापा (ससुर) आये और बाहर से आवाज़ लगाई, ''बेटा बाहर आओ, देखो कामिनी के कितने सुन्दर फूल खिले हैं, पूरा पेड़ भर गया है।'' हमारे घर में दरवाज़े से घुसते ही 'कामिनी' का पेड़ स्वागत करता है।

शाम हो चुकी थी। तब कामिनी का वह पेड़ खुशियों और शान्ति का प्रतीक माने जाने वाले सफ़ेद रंग से खुद को पूरी तरह ढँके हुए था। मेरे पास जितनी वजहें खुद से नाराज़ होने की और उदास होने की थीं, पापा के पास उससे कहीं ज्यादा वजहें, खुश होने की और हम सबको खुश करने की थीं। ऐसा नहीं था कि नन्हे मेहमान के जाने से उन्हें दुःख नहीं था। लेकिन कुछ लोग होते हैं जो अपने दुखों को एक तरफ़ रखकर सबको खुश करने की चेष्टा सबसे पहले करते हैं। उस दिन 'कामिनी' के वे फूल और उन्हें मुझ तक लाने की पापा की कोशिश ने मेरी तकलीफ़ पर कुछ हद तक मलहम लगा दी थी। मुझे मुस्कुराने की वजह दी थी।

~

बहरहाल, सभी मेरे ससुर जैसे सुलझे और समझदार नहीं होते। बदलते ज़माने ने जेनेरेशन गैप को जितना बढ़ाया है, उससे हम पीढ़ियाँ एक-दूसरे से न सिर्फ़ दूर हुई हैं बल्कि आपसी समझ भी ख़त्म हो गयी है। अब हम समाज बिगाड़ने वाले बन गए हैं। इस बिगड़ा-बिगड़ी के खेल में ज्यादातर बिगड़ने का ठीकरा लड़कियों के सिरों पर ही फोड़ा जाता है। मुझे कई बार एक कविता याद

आती है, 'जीन्स टॉप पहनने वाली माँ आँचल कहाँ से लाएगी,' और अक्सर बुज़ुर्ग महिलाओं को कहते सुनती हूँ, ''पहले की औरतें पंद्रह-पंद्रह बच्चे जन लेती थीं, ये आजकल की लड़कियाँ एक-दो में ही मरी-गिरी सी हो जाती हैं।'' बुज़ुर्ग महिलाओं के ये तंज कई लोगों की जुबान पर तकियाकलाम बन कर भी चढ़ गये हैं।

पुराने ज़माने से आज के ज़माने की तुलना करेंगे तो शायद इन बदली स्थितियों की ठीक समझ बन पायेगी। सिर्फ़ 'जो होता था' और 'जो अब नहीं हो पा रहा है' की तुलना बेवकूफ़ी है। हाँ, हम आज की लड़कियों के शरीर उतने तंदुरुस्त नहीं हैं। दोषी है, पर्यावरण का तेज़ी से दूषित होना, फल-अनाज-सब्ज़ी सभी में बढ़ती मिलावट, हवा का दूषित होना, बढ़ते औद्योगिकीकरण से पानी में बढ़ती अशुद्धि और तेज़ी से बदलती दिनचर्या इसके ज़िम्मेदार माने जा सकते हैं।

जब भी कोई मुझसे बीते ज़माने की और आज की तुलना करके आज की लड़कियों को दोषी ठहराता है तो मेरा मन करता है कि मैं अपनी ज़िन्दगी उनके सामने खोल दूँ, और उन्हें बताऊँ कि जिस उम्र में शादी के बाद आपके बच्चे हो जाया करते थे उस उम्र में तो मैंने हॉस्टल में कदम रखा था। जहाँ का अधपका, अधजला खाना खाकर, रातें किताबों के साथ बिताकर शरीर कैसे बनते हमारे? हमने तो बस कविताओं में ही 'वह कदम्ब का पेड़ अगर माँ होता यमुना तीरे' पढ़ा है। असल में तो यमुना की दुर्दशा ही देखी है। मन करता है मैं उनसे सवाल करूँ कि हम उन तकलीफ़ों को क्यों भोगें जिन्हें आप भोग चुकी हैं। क्या आप अपने शरीर से खुश हैं, पंद्रह-पंद्रह बच्चे पैदा करके? क्या आप अपनी ज़िन्दगी सिर्फ़ उन बच्चों को पालने में लगाकर खुश हैं? क्या आप इस बात से खुश हैं कि जब आपके पहले बच्चे का बच्चा होने वाला था तब आप भी अपने बारहवें या तेरहवें बच्चे की माँ बनने वाली थीं? या क्या आप इस बात से खुश हैं कि आपने अपने शरीर में अपने लिए कुछ भी नहीं बचने दिया?

वैसे सारी फ़िजूल की बातों का एक सुन्दर जवाब यह भी है कि सुरसा के मुँह की तरह बढ़ती जनसंख्या को और कितना बढ़ाया जाये। हमारी पीढ़ी 'हम दो, हमारे दो' का नारा लगाकर सबका साथ, सबका विकास करने में भरोसा रखती है।

मगर यह डगर बहुत है कठिन

माँ बनना बेशक एक प्राकृतिक प्रक्रिया है, लेकिन यह प्रक्रिया जब एक स.फ़र की तरह आपके जीवन से होकर गुज़रती है तो इसे कई सारे ऊबड़-खाबड़ रास्तों से होकर, कुछ कठिन मोड़ लेकर अपनी मंज़िल तक पहुँचना होता है। अब यह हम पर है कि हम इसका मज़ा लेते हैं या बस दर्द और तकली.फ़ देखते हैं।

दूध का जला मट्ठा भी फूँक-फूँककर पीता है, यह कहावत तो कई द.फ़े सुनी होगी आपने। मैंने भी सुनी थी, लेकिन यह कहावत मेरी ज़िन्दगी में सच साबित हो जायेगी, इसका इल्म मुझे नहीं था।

मेरी पहली गर्भावस्था तीन ह.फ़्तों में ही ख़त्म होने की वजह से मैं बहुत डर गयी थी। अगली बार कब गर्भ धारण करना होगा, गर्भ धारण करने से पहले और उसके बाद क्या-क्या सावधानियाँ बरतनी होंगी, अगर दोबारा पहले जैसा हो गया तो, अगर मैं कभी गर्भ धारण कर ही नहीं पाई तो? न जाने कितने सवालों से मैं घिरी हुई थी।

हम हिन्दुस्तानी बच्चों के माँ-बाप हमें बचपन से ही बेवकू.फ़ बनाना शुरू कर देते हैं। बेटा दसवीं पास कर लो, फिर कोई चिन्ता नहीं। बेटा बारहवीं पास कर लो फिर कोई चिन्ता नहीं। जैसे-तैसे दसवीं और बारहवीं निकाल लें, तो बेटा अब कॉलेज की पढ़ाई अच्छे से कर लो ताकि अच्छी नौकरी लग जाये, फिर कोई चिन्ता नहीं। नौकरी भी अच्छी लग जाये तो माता-पिता को चिन्ता रहती है कि बेटा फिर कोई ऐब की चपेट में न आ जाये। लड़कियाँ हैं और कहीं अकेले घूमने की माँग कर दें तो, बेटा बस शादी कर लो, जीभर कर घूमना, फिर कोई चिन्ता नहीं। शादी भी हो गयी तो बेटा पहला बच्चा जल्दी

कर लो फिर कोई चिन्ता नहीं। हिन्दुस्तानी माता-पिता को बूस्टर, मोटिवेटर की डिग्री तो यूँ ही मिली होती है।

मैं भी ज़िन्दगी के उस पड़ाव पर थी जहाँ मेरी माँ को 'फिर कोई चिन्ता नहीं' का आखिरी जुमला दोहराना था और मुझे अपने पहले बच्चे के लिए मनाना था। माँ की बात तो मैंने टाल दी, लेकिन किस्मत को कैसे टालती? किस्मत ने खेल खेला और मेरी पहली प्रेग्नेंसी बिना किसी प्लानिंग के आ गयी। फिर जैसे आयी वैसे ही चली भी गयी। अब मुझे दूसरी प्रेग्नेंसी के लिए निर्णय लेना था। रास्ता साफ़ दिख रहा था। माँ-बाप की उम्मीदें, मन में बच्चे की चाह और डॉक्टर्स की सलाह ने सब कुछ एक हद तक निर्णय लेने के लिए आसान बना दिया था।

डॉक्टर्स मानते हैं कि यदि पहली गर्भावस्था का शुरुआती हफ़्तों में ही गर्भपात हो जाये या, वह केमिकल प्रेग्नेंसी निकलती है तो उसके बाद जल्दी गर्भ धारण कर पाने और एक स्वस्थ बच्चे को जन्म देने की सम्भावनाएँ बढ़ जाती हैं।

हालाँकि मेरा मन अब भी डाँवाडोल हो रहा था। कारण कई थे, पर ज़िन्दगी के प्रति मेरा अपना एक विश्लेषण था जो मुझे इस राह जाने से रोक रहा था। मुझे ज़िन्दगी में कुछ चीज़ें ऐसी लगीं जो पहले अपना हसीन रूप दिखाकर ललचाती हैं, फिर अपने असल रूप से डराती हैं। पढ़ाई करते समय लगता था कि पढ़-लिख जायेंगे तो जीवन में कुछ काम आयेगा, पर सच में आज जब सोचती हूँ तो याद नहीं कि अब तक की ज़िन्दगी में 'साइन थीटा' और 'कॉस थीटा' का कहाँ प्रयोग किया। यही हाल नौकरी के साथ भी रहा, अच्छे पैसे की चाहत में नौकरी तो कर ली, लेकिन जान अजाब में अटकी रहती थी, बॉस की डाँट, साथियों के प्रहार, और आगे बढ़ने के साथ-साथ प्रमोशन की दरकार ने एक दिन नौकरी से इतना मन खट्टा किया कि आखिरकार नौकरी ही छोड़ दी। शादी के बारे में तो खैर ये प्रसिद्ध कहावत मुझ पर भी लागू हुई 'मोतीचूर का लड्डू, जो खाए सो पछताए, जो न खाए सो पछताए।' मन की चाहतों की लोलुपता यहीं नहीं रुकी तो माँ भी बन गई, लेकिन अब माँ बनने के बाद लगता है कि माँ बनना भी बिलकुल वैसा ही है। गोद भर जायेगी, एक नन्ही जान आपको खुशियाँ देने आ जायेगी, ये सब लालच है। *असल में जब ये सब कुछ हो रहा होता है तो बहुत ऊबड़-खाबड़ रास्तों से होकर आपकी ज़िन्दगी की गाड़ी गुज़रती है। सीट बेल्ट भले ही बाँधी हो*

लेकिन मंज़िल पर पहुँचने से पहले खूब धक्के और झटके झेलने पड़ते हैं। खैर, बहुत टाल-मटोल और समझाइश के बाद मैं भी अपनी कुर्सी की पेटी बाँधकर ज़िन्दगी की उड़ान भरने को तैयार आखिर हो ही गयी।

~

परिवार के साथ ने मेरे कदमों को डगमगाने नहीं दिया और गर्भपात के बाद जब पहली माहवारी समय पर आयी तो मैंने उन्हीं तीन घरेलू उपचारों को अपनाया जिनके बारे में पिछले अध्याय में लिखा है। जब ब्लीडिंग पूरी तरह सामान्य रही तो अपनी खुशियों को एक और मौका देने का मन बना लिया। माहवारी खत्म होते ही सबसे पहला काम, फ़ोलिक एसिड और ज़िंक की दवाई लेनी शुरू की, ताकि वो आगे आने वाले बच्चे के लिए पोषक तत्वों से सिंचित गर्भाशय को पहले से तैयार रखें। जैसे ही मेरी अगली माहवारी की तारीख कुछ आगे खिसकी मैंने बैडमिंटन खेलना बन्द करके खुशखबरी का इंतज़ार किया। इस बार हमने बहुत ज्यादा उत्साहित होने की बजाय स्थिति को सामान्य रूप में लिया। हम सभी भले ही सकारात्मक थे, लेकिन मन में एक डर बाकी था। वही वाला डर, दूध से जलने के बाद मट्ठे को पीने में भी लगने वाला डर, इसलिए हम एक और महीना बीतने के बाद ही डॉक्टर के पास जाने का इंतज़ार करने लगे।

हम इंतज़ार करना चाहते थे, ताकि कोई उम्मीद बँधकर दोबारा न टूटे, हो सकता है कि मेरी माहवारी के चक्र में ही कोई गड़बड़ी चल रही हो।

~

प्री मेन्स्ट्रुअल लक्षण अर्थात् माहवारी के आने से पहले होने वाले शारीरिक बदलाव काफ़ी हद तक प्रेग्नेंसी के शुरुआती हफ़्तों से मिलते-जुलते होते हैं। ऐसे में यदि पीरियड्स किन्हीं कारणों से आगे बढ़ गया है तो हमें ये सम्भावनाएँ लगने लगती हैं कि कहीं हम माँ तो नहीं बनने वालीं। यदि आप भी इसी तरह ही किसी दुविधा में हैं, तो कुछ बातों का खास ध्यान रखें—

—सबसे बेहतर है कि इंतज़ार करें।

—यदि इंतज़ार नहीं कर पा रहे हैं, तो माहवारी जल्दी आने के लिए कोई भी दवा न खाएँ।

—यदि आपका होम प्रेग्नेंसी टेस्ट नेगेटिव आया है, और हॉस्पिटल में यूरिन

टेस्ट भी नेगेटिव आया है, तब भी माहवारी आने के लिए कोई दवा न खाएँ।

—यदि आपको पेट में रह-रहकर बहुत अधिक दर्द हो रहा है तो जल्दी से डॉक्टर को दिखाकर इंजेक्शन न लें।

—इस तरह की परिस्थितियों में सबसे पहले गर्भावस्था की पुष्टि के लिए होने वाली खून की जाँच एवं एच.सी.जी. जाँच कराएँ। यदि ऐसे में भी आपका प्रेग्नेंसी टेस्ट नेगेटिव आता है तब माहवारी आने के लिए कोई इलाज करें।

बेहतर रहेगा कि आप देसी इलाज करें, बजाय किसी एलोपैथी इंजेक्शन या टेबलेट के। इनके अपने दुष्प्रभाव भी हैं जो आपको नेट पर ढूँढ़ने से आसानी से मिल जायेंगे।

~

ज़िन्दगी कई बार हमें उस वक्त में लाकर खड़ा कर देती है जब हमारे पास इंतज़ार के सिवा कुछ नहीं होता। मैं भी उसी कठिन वक्त में थी। पिछली बार का डर और इस बार की उम्मीद दोनों ने मिलकर मन को असमंजस की ऊहापोह से भर दिया था। मैं शायद फिर से माँ बनने वाली थी। माँ बनने के दौरान होने वाले अनुभव मुझे घेरने लगे थे। सुबह उठती थी तो चक्कर इस तरह हावी होते थे कि कब घड़ी में छह से नौ बजते पता ही नहीं लगता। उनींदी बेहोशी वाली हालत रहती। माथा ऐसे भारी होता जैसे कई किलो वज़न रख दिया हो। छातियाँ दर्द से कसमसातीं। इतने सारे माँ बनने के सूचक बदलाव जब शरीर में हों तो भला उम्मीद कैसे नहीं जागेगी। उम्मीद जागती पर डर के साथ। अगले ही पल फिर डर को भगाती मन कड़ा करती। इंतज़ार करना ही था। खुश नहीं होना था। पूरी खुशी के लिए कुछ दिन हाँ/न में बिताने ही थे।

ऐसे हालातों में आपको किसी महिला साथी की ज़रूरत होती है पर किन्हीं कारणों से सास महीने भर के लिए शहर से बाहर थीं। अब सुबह देरी से उठूँ तो चाय-नाश्ते-खाने की देरी। जल्दी उठूँ तो तबियत की मार। ऐसे में आप पति को समझा सकते हैं, वे आपका साथ भी दे सकते हैं, पर घर में ससुर भी थे। पहले ही ऐसी स्थिति शर्मसार कर देती है, मेरे ससुर कहूँ या पापा ने बिना कहे ही स्थिति की नज़ाकत और नाजुक हालात को भाँपते हुए अपनी दिनचर्या में परिवर्तन सहर्ष कर लिया। मुझे इस बात का एहसास कराए बिना कि उन्हें अपनी दिनचर्या बदलने में तकलीफ़ तो होती है। उन्होंने कभी

मुझ पर सुबह जल्दी उठकर नाश्ता-खाना समय पर तैयार करने का दबाव नहीं बनाया, बल्कि मुझे अपनी तबियत का खूब अच्छे से खयाल रखने की हिदायत थी। पति को हिदायत थी कि मेरे लिए एक चार्ट तैयार करें जिससे मैं अपने ऊपर-नीचे होते ब्लड-प्रेशर को लिख सकूँ ताकि डॉक्टर के पूछे जाने पर हर बात का जवाब हमारे पास हो।

कई दफ़ा फ़ख़्र और आन्तरिक खुशी महसूस करती थी कि मुझे ससुराल में भी पिता मिल गये थे। जो मेरे कठिन समय में मौन एवं समझदारी बरतते हुए मेरा हर कदम पर साथ दे रहे थे। उनके उस रवैये ने बचपन से मन में बनी कठोर पितृ-सत्तात्मक छवि को कुछ हद तक धुँधला किया था।

~

बच्चा पैदा करने की अब तक की सबसे बेतुकी वजह अगर मुझे किसी ने कही तो वह थी, *''यार पहले नौ महीने पीरियड्स से बचेंगे और बाद में भी जब तक बच्चा दूध पीता है सुना है तब तक पीरियड्स नहीं आते।''* हम औरतों की ज़िन्दगी में काल सर्प योग है यह 'माहवारी,' जिसे किसी कर्मकांड या पूजा से नहीं टाला जा सकता।

मज़े की बात यह भी है कि हमें हमारी माहवारी की तारीख भले याद न रहे, लेकिन समाज की औरतों को, आंटियों, चाचियों, भाभियों को यह अच्छे से याद रहती है। समय-समय पर शादी से पहले आपके 'चरित्र निर्धारण' के लिए, और शादी के बाद आपके 'गर्भधारण' के लिए वे इस तारीख को सब्ज़ी में मसाले की तरह इस्तेगाल करती हैं।

मेरी माहवारी इस बार नहीं आयी है यह खबर कानो-कान सबको पता थी। मंदिर में मिलने वाली औरतों को अच्छी तरह याद रहता है कि पिछले महीने मेरी माहवारी किस दिन या किस तारीख को आयी थी। मैं उन्हें इस महीने भी उस तारीख के आगे-पीछे मंदिर में दिखी तो पूछ बैठीं, ''अभी तक छुट्टी से नहीं हुईं।'' एक मोहतरमा तो जैसे साथ अपने डायरी लेकर घूमती हैं। कई बार सोचती हूँ इस तरह की महिलाओं से सबसे पहले सम्पर्क करना चाहिए जब आपको असमंजस हो कि आपकी ओवोल्यूशन की तारीख क्या थी। गर्भ धारण में आसानी होगी, हाँ नहीं तो।

मेरी माहवारी की तारीख बीते 17 दिन हो चुके थे। एक-एक दिन मैं

भगवान का नाम लेकर बिता रही थी कि पिछली बार की तरह पेट दर्द या ब्लीडिंग न हो। भगवान मेहरबान रहे। जब सत्रहवें दिन तक कोई तकलीफ़ नहीं हुई तो हमने होम टेस्ट करके खुशी की तरफ़ पहला कदम बढ़ाया। वैसे होम टेस्ट किट खरीदना भी छोटी जगहों में भारी काम होता है। पति बड़े ही शर्म से खरीदने जाते थे। यह सोचते हुए विशेषकर ऐसी दुकान पर जाते थे कि किसी जान-पहचान वाले से खरीद लिया तो वह पहले ही शहर में ढिंढोरा न पीट दे। दुकानें बदल-बदलकर टेस्ट किट खरीदी गयीं। टेस्ट किया लेकिन टेस्ट किट पर दो लाइन देखते ही हम खुश तो हुए लेकिन उछले नहीं, क्योंकि एक तो लाइन बहुत ही हल्की थी, जो चार होम टेस्ट के बाद भी किसी में डार्क नहीं आयी। दूसरा अभी डॉक्टर की तरफ़ से सब कुछ सामान्य होने का संकेत मिलना बाकी था।

~

आप जब किसी विशेष परिस्थिति से जुड़ते हैं तो आपको हर जगह उसी से जुड़े घटनाक्रम दिखाई देने लगते हैं। मेरे साथ भी कुछ वही हाल था। अखबार हो या यूहीं आस-पास होने वाली बातें, मुझे वे महिलाएँ पहले दिखतीं जिनके पेट में उम्मीदें पल रही थीं। अच्छी हो या बुरी, खबर में मुझे गर्भवती शब्द दिखते ही ध्यान खिंचा चला जाता। कोई ऐसा मामला दिखता जिसमें कोई औरत गर्भावस्था में ही कठिन परिस्थितियों के चलते चल बसी, तो मुझे लगता कि वैसी अगली महिला मैं ही होने वाली हूँ। उस शहर में जहाँ स्त्री विशेषज्ञ का हाल, नीम हकीम खतरे जान वाला हो, वहाँ अपनी जाँच कराकर मैं खतरों की खिलाड़ी नहीं बनना चाहती थी। हालाँकि एक बार मैं उस डॉक्टर के पास जा चुकी थी, जिसने चार गुनी फ़ीस लेकर भी वही काम अपने क्लीनिक में कराया जो मैंने होम टेस्ट से घर में ही कर लिया था। अब यदि अपने शहर को छोड़ूँ और पास-पड़ोस के शहर कुनकुरी पर निर्भर करूँ जहाँ बेहतर मेडिकल सुविधा मिल सकती थी, तो सड़कें इतने मरियल हालातों की शिकार थीं कि नाजुक हालात में उन पर से गुज़रना अपने हाथों से खतरा मोल लेना था।

बहुत सोचने-विचारने के बाद हमारे पास आखिरी चुनाव राँची था, जहाँ तक की दूरी किलोमीटर में तो ज्यादा थी लेकिन झारखंड सरकार ने सड़कें अच्छी बनवाई हैं तो उन पर चलना भारी नहीं था। एक मेडिकल मोबाइल एप

की मदद से राँची की एक नामी, एक्सपीरियंसड और अच्छी डॉक्टर खोजकर आखिरकार हम उसके पास पहुँच गए।

बिना कुछ बोले उस दिन मेरे पति बार-बार मेरी आँखों में देखते। जैसे खुद अपनी हिम्मत मेरे साथ बाँधते हों। कहते हों कि देखना सब ठीक होगा। डॉक्टर के केबिन तक जाने का रास्ता किसी पहाड़ चढ़ने जैसा ही था। पता नहीं था कि उस ऊँचाई पर पहुँचकर भी मंज़िल मिलेगी या नहीं। मन में डर बहुत था। पता नहीं डॉक्टर क्या कहेगी, क्या इस बार मैं माँ बन पाऊँगी, क्या इस बार मुझे वो खुशी मिल पायेगी। क्या ये वाली गर्भावस्था एक स्वस्थ समय बिता पायेगी या फिर हमें कोई दुखद अंत मिलेगा, इन्हीं सब सवालों के साथ हम डॉक्टर के सामने बैठे थे। मैं उसे अपनी तबियत से जुड़ी हर वो बात बता देना चाहती थी जिससे उसे सम्भावनाएँ देखने में मदद मिले। जैसे हम किसी इंटरव्यू में बैठने के बाद इंटरव्यू लेने वाले को अपनी तरफ़ से हर जवाब इस तरह देना चाहते हैं कि वो हमें नौकरी पर रख ले, कुछ-कुछ वही हाल मेरा था। मैं डॉक्टर की हर बात पर उसे अपने जवाबों से इस तरह मनाना चाहती थी कि वो हमें खुशखबरी ही दे। पर मैं भूल रही थी कि वह कोई इंटरव्यू नहीं था। वह ज़िन्दगी की बात थी। जिसका जवाब डॉक्टर हर तरह की जाँच के बाद ही दे सकती थी। अपने पिछले गर्भपात और पूरी मेडिकल हिस्ट्री डॉक्टर को बताने के बाद हमें डॉक्टर के जवाब का इंतज़ार था। जो उसने हमारी पूरी रामकहानी सुनने के बाद एक लाइन में दिया, ''बिना अल्ट्रासाउंड किए मैं कुछ नहीं कह सकती।'' उसकी इस बात ने मेरी बँधी हिम्मत में कोई खास इज़ाफ़ा नहीं किया था, बस मेरी लार सी टपकती उम्मीद को सोनोग्राफ़ी करने वाली डॉक्टर की तरफ़ खिसका दिया था।

तकरीबन दो बोतल पानी और एक घंटा इंतज़ार करने के बाद मैं अपने गर्भाशय के अन्दर ताका-झाँकी करते डॉक्टर के सामने लेटी थी। मन के दो कोने उम्मीद और नाउम्मीदी का संसद भवन बनाए हुए थे, जहाँ कोई किसी की नहीं सुन रहा था। कुछ देर तक मेरे पेट पर मशीन का रोलर घुमाने के बाद भी जब डॉक्टर के चेहरे पर मुझे कुछ पढ़ने को नहीं मिला तो मेरी नाउम्मीदी मुझ पर हावी होने लगी, फिर डॉक्टर ने मुझसे पूछा, ''आखिरी माहवारी की तारीख याद है?'' मैंने तारीख बताई तो बोली, ''उस हिसाब से तो अब तक फेटल पोल बन जाना चाहिए था।''

मैं—मतलब, (उस वक्त तक मुझे फेटल पोल का मतलब नहीं पता था)

डॉक्टर—मतलब आपके पीरियड्स के हिसाब से अभी आपके आठ हफ़्ते पूरे हो चुके हैं, लेकिन मुझे 'याक सेक' में फेटल पोल नहीं दिख रहा...मतलब वह खोल तो है जिसमें भ्रूण बनेगा लेकिन भ्रूण नहीं दिख रहा यानी अभी सिर्फ़ पाँच ही हफ़्ते हुए हैं।

मैं—तो डॉक्टर क्या ये बुरी खबर है?

डॉक्टर—नहीं अभी पूरी तरह यह नहीं कहा जा सकता, हमें दो हफ़्ते और इंतज़ार करके फिर से सोनोग्राफ़ी करनी होगी, हो सकता है कि आपने देर से गर्भ धारण किया हो।

हफ़्फ़ऽऽऽ, डॉक्टर का इतना कहना था कि मेरी जाती हुई जान डॉक्टर के दरवाज़े से वापस आ गयी। रिपोर्ट मुख्य डॉक्टर के पास ले जाने के बाद पता चला कि मुसीबत सिर्फ़ एक नहीं बल्कि दो-दो हैं। मैंने मन-ही-मन सोचा कि मन्नत तो जुड़वाँ बच्चों की माँगी थी, ये मुसीबत क्यूँ एक के साथ एक मुफ़्त में टपक रही हैं।

~

डॉक्टर के हिसाब से मैं 8 हफ़्ते की गर्भवती थी, इसलिए उन्हें भ्रूण दिख जाना चाहिए था। लेकिन जाँच के बाद रिपोर्ट 5 हफ़्ते गर्भवती होने की आयी थी। इसलिए डॉक्टर ने हमें दो हफ़्ते और इंतज़ार के लिए कहा। सोचकर कि शायद मैंने देर से कंसीव (गर्भ धारण) किया होगा।

फेटल पोल असल में आपका बन रहा बच्चा ही है। जिसे डॉक्टर्स मेडिकल की भाषा में 'फेटल पोल' कहते हैं। अपने शुरुआती दिनों में यह दिखने में एक पोल जैसा ही होता है। जिसमें एक छोटी पूँछ भी होती है। जो धीरे-धीरे गायब हो जाती है और आपका बच्चा एक इंसान का रूप लेने लगता है। लेकिन डॉक्टर्स उसे पूरी प्रेग्नेंसी के दौरान .फीटस यानी भ्रूण ही कहते हैं।

वैसे अपनी गर्भावस्था में बिताये समय में एक बात हमेशा घालमेल करती रही। डॉक्टर का गणित और मेरा गणित कभी मेल नहीं खाया था। असल में गर्भ की उम्र डॉक्टर्स सामान्यत: आपकी पिछली माहवारी के पहले दिन से गिनते हैं, जबकि देखा जाये तो यह सम्भव नहीं। क्योंकि माहवारी के बाद 10 से 20-22 दिन के भीतर ही गर्भ धारण कर सकने की सम्भावना बनती

है। तो आखिर डॉक्टर्स आखिरी माहवारी के पहले दिन से ही क्यों गर्भ की उम्र तय करते हैं? आपने कभी इस पर ध्यान दिया?

जब मैंने इसके बारे में डॉक्टर से बात की तो उन्होंने समझाया कि, ''असल में प्रेग्नेंसी के शुरुआती दिनों में जब तक अल्ट्रासाउंड में भ्रूण न दिखने लगे तब तक प्रेग्नेंसी की सही उम्र बता पाना मुश्किल होता है। हर लड़की का ओवोल्यूशन (अंडाशय से अंडे के बाहर आने की क्रिया को ओवोल्यूशन कहते हैं) टाइम भी अलग होता है। जिसका एकदम सही समय बता पाना सम्भव नहीं होता। इसलिए ज्यादातर डॉक्टर्स आपकी पिछली माहवारी के पहले दिन को आपकी प्रेग्नेंसी का पहला दिन मानते हैं और उसमें दो हफ़्ते जोड़कर आपकी डिलीवरी की तारीख का अनुमान लगाते हैं। ऐसा इसलिए भी किया जाता है क्योंकि सामान्यत: लड़कियाँ माहवारी खत्म होने के दो हफ़्ते बाद ही ओवोल्यूएट करती हैं।''

मिताली की शादी को दो साल हुए तो परिवार के लोगों के साथ-साथ उसके मन में भी एक बच्चे की चाहत जन्म लेने लगी। कई बार कोशिश करने के बाद भी जब वह कंसीव नहीं कर पाई तो उसने डॉक्टर को दिखाया। डॉक्टर ने उसके और उसके पति की कुछ जाँच कराई, जिसमें स्पर्म यानी शुक्राणु टेस्ट, गर्भाशय की सोनोग्राफ़ी, प्रोजेस्टेरोन टेस्ट, fsh (.फ़ॉलिकल स्टिम्युलेटिंग हार्मोन, इस टेस्ट से सेक्स हार्मोन टेस्टोस्टेरोन की जाँच की जाती है), amh (एंटी म्युलेरियन हार्मोन, खून में इन हार्मोन के स्तर से अंडों की संख्या का पता किया जाता है, विज्ञान की भाषा में ओवेरियन रिज़र्व का पता चलता है), एवं ओवोल्यूशन का सही समय जानने के लिए फोलिकुलर स्टडी (सोनोग्राफ़ी करके देखा जाता है कि अंडाशय में अंडे बन रहे हैं या नहीं। यदि बन रहे हैं तो कब .फर्टाइल होंगे)। जिससे पता चला कि मिताली का देरी से ओवोल्यूशन होता है। इसके अलावा सभी जाँच सामान्य थीं। अब डॉक्टर ने उसे दवाइयाँ दी हैं, जल्दी ओवोल्यूशन के लिए।

लेट ओवोल्यूशन के गणित से जुड़ी डिलीवरी की तारीख एवं भ्रूण की उम्र का कनेक्शन थोड़ा सा अजीब ज़रूर है लेकिन दुनियाभर में यही चलता है। इसी गणित के दम पर मैंने भी अपनी उम्मीद को दो हफ़्तों तक बनाए रखा था। आप भी अगर इस दौर में हों, या आगे कभी इस दौर से गुज़रें तो अपनी उम्मीद को इतनी आसानी से टूटने न दें। सकारात्मक रहकर अच्छी

खबर का इंतज़ार करें।

वैसे 'सकारात्मक रहें' कहना कई बार आसान होता है। लेकिन उसे खुद के ऊपर आज़माना थोड़ा मुश्किल। मेरे साथ भी कुछ ऐसा ही हो रहा था।

~

प्रेग्नेंसी की पहली सोनोग्राफ़ी रिपोर्ट देखकर डॉक्टर ने जब बताया कि अभी बच्चा नहीं बना है, तब साथ में एक नई मुसीबत से भी आगाह कराया, नाम था गर्भाशय के एक हिस्से में एक तरह की गाँठ। डॉक्टरी भाषा में बताऊँ तो उन्हें 'मेरे दाएँ अंडाशय में corpus luteal cyst (कोर्पस ल्युटिअल सिस्ट, अंडकोष में पाया जाने वाला एक तरह का सिस्ट है जो माहवारी के समय में बनता है और तीन माह के भीतर स्वत: ही खत्म हो जाता है। अगर आपका गर्भ धारण नहीं होता है तो यह सिस्ट अपने आप नष्ट होकर शरीर में मिल जाता है, लेकिन यदि गर्भ धारण होता है, तो इसमें खून और तरल जमा होने लगता है। सिस्ट की परिभाषा बस इतनी सी है कि हर महीने माहवारी के दौरान अंडाणु बनने और खंडित होने की प्रक्रिया में कभी-कभी वे बड़े आकार के हो जाते हैं, बस वही सिस्ट कहलाता है) देखने को मिला है। जो असामान्य तो नहीं था, लेकिन भविष्य में बच्चा बनने के बाद यदि यह अपने आप खत्म नहीं हुआ तो खतरा बन सकता था। जिसे ऑपरेशन करके निकालना पड़ता।

'दूबरी और दो असाड़' मेरे साथ यही कहावत चरितार्थ हो रही थी। पहले ही भ्रूण बनता नहीं दिख रहा था, ऊपर से सिस्ट। मैं परिस्थिति को और समय को कोसती, उससे पहले डॉक्टर ने मुझे फिर से उम्मीद बँधाई : *"फ़िलहाल आप चिन्ता मत कीजिये और बिना किसी उम्मीद के घर जाइए, अगर सब ठीक रहा तो दो हफ़्ते बाद आपको अच्छी खबर मिलेगी, वरना अभी बहुत समय है आपके पास माँ बनने के लिए।"*

डॉक्टर से मिली इस उम्मीद भरी नाउम्मीदी ने मुझे दो हफ़्तों के लिए फिर उसी स्थिति में ला खड़ा किया था। इस बार मैंने सोच लिया था कि मैं अपने ऊपर किसी भी तरह का कोई नकारात्मक हौवा नहीं मँडराने दूँगी। मैं खुश रहूँगी और जो भी स्थिति आयेगी उसका सामना करूँगी।

इस डिजिटल युग में गूगल दादी अम्मा भी बन गया है। पहले जो सवाल घर के बड़े-बूढ़ों से किये जाते थे, अब हर उस सवाल का जवाब ढूँढ़ने गूगल

के पास पहुँच जाते हैं, और इसे जब तक न छान लें, तब तक हमें किसी भी जानकारी, किसी की कही बात पर पूरी तरह यकीन नहीं होता। यही वजह थी कि डॉक्टर से मिली जानकारी मेरे लिए काफ़ी नहीं थी, दाएँ अंडाशय में पाये गए corpus luteal cyst और भ्रूण के बारे में अब मुझे हर वो जानकारी चाहिए थी जो इन्टरनेट पर या मेरे पास रखी गर्भावस्था से सम्बन्धित किताबों में उपलब्ध थी। मैं और मेरे पति हम दोनों ही इस जानकारी को चाटने में लग गए और बहुत कुछ पढ़ने के बाद एक उम्मीद भरा जो अंत हमें मिला वो यह था कि,

''दाएँ अंडाशय में सिस्ट गर्भावस्था में बहुत ही सामान्य बात है। कई महिलाओं को यह पता भी नहीं चल पाता कि उनकी गर्भावस्था के दौरान उन्हें यह हुआ था। असल में ओवोल्यूशन के समय पर अंडाशय में जिस जगह से अंडाणु निकलकर भ्रूण के रूप में गर्भाशय में स्थापित हो जाता है, ओवोल्यूशन की वही जगह अंडाशय में सिस्ट बन जाती है। कई महिलाओं में यह गोल्फ बॉल के आकार की भी हो सकती है, जिससे उन्हें पेट में दर्द और हल्की-फुल्की ब्लीडिंग हो सकती है। अधिकतर महिलाओं में यह प्रेग्नेंसी के दसवें हफ़्ते से खुद-ब-खुद सिकुड़ना शुरू हो जाती है और लगभग सोलहवें हफ़्ते तक पूरी तरह गायब हो जाती है। जितने भी समय यह अंडाशय में रहती है, यह बन रहे बच्चे को पोषण देने का काम करती है। हाँ, लेकिन कुछेक इक्का-दुक्का मामले ऐसे भी होते हैं जिनमें यह सिकुड़ने और गायब होने की जगह बढ़ जाती है, जो बहुत ज्यादा तकली.फ़देय दर्द पैदा करती है। फिर इसे ऑपरेशन करके निकाला जाता है। हालाँकि ऐसे मामलों में भी बच्चे को हानि पहुँचने वाली बात कम ही सामने आती है।''

यह ऐसी जानकारी थी जिसने मुझे कुछ हद तक राहत दी थी। उम्मीद बाकी थी कि फेटल पोल बनने के बाद भी यदि यह सिस्ट रहा तो भी कोई खतरे वाली बात नहीं होगी। लेकिन फेटल पोल यानी मेरा बच्चा बनना अभी बाकी था। बस अब मुझे डॉक्टर की दी हुई दवाइयों, कुछ हिदायतों और मन को शांत रखकर दो हफ़्तों तक इंतज़ार करना था कि ऊपरवाला मुझे इस बार माँ बनने की नेमत से नवाज़ेगा या नहीं।

जी मिचलाना, खुशखबरी भी हो सकती है

गर्भावस्था के दौरान कई महिलाओं को एक भी उल्टी नहीं होती और कई ऐसी होती हैं जिन्हें लेबर रूम के दरवाज़े पर भी हो जाए। मगर यह इस दौर की सबसे कठिन तकलीफ़ मानी जाती है, इसे सहजता से ही जीता जा सकता है।

नौवीं क्लास की परीक्षा के बाद छुट्टियाँ शुरू ही हुई थीं जब मेरी ज़िन्दगी का वो भूचाल भरा दिन आया था। मैं मंदिर से वापस आयी तो उस दिन माँ मेरे इंतज़ार में परेशान सी टेबल पर बैठी थीं, और मेरी मौसी जो उस दिन मेरे घर आयी हुई थीं हमारे फ़ोन से मेरे रिश्तेदारों को फ़ोन कर-करके किसी बात की बधाई दे रही थीं।

मेरे लिए स्थिति थोड़ी असहज थी, जिसे माँ ने और असहज बना दिया, जब उन्होंने मेरा हाथ पकड़कर पूछा था, ''तुझे पेशाब वाली जगह से खून आया तूने बताया क्यों नहीं?''

मैं पहले थोड़ा डर गयी और फिर रोने लगी। मौसी ने मुझे रोता देख तुरन्त फ़ोन रखा और मुझे समझाने लगीं कि ''पगली, ये तो लड़की को सम्पूर्ण बनाता है, ये नहीं होता तो रोने वाली बात थी...ये होना तो खुशी की बात है।'' फिर धीरे-धीरे उस दिन माँ और मौसी ने मुझे समझाया कि अगर माहवारी नहीं होगी तो कोई लड़की कभी माँ नहीं बन पायेगी।

उस दिन मुझे बहुत गुस्सा आया था कि ज़िन्दगी में एक बार माँ बनने के लिए मुझे आने वाले लगभग 35 सालों तक हर महीने ये पीड़ा सहनी होगी, इससे तो बेहतर होगा कि मैं कोई बच्चा गोद ले लूँ।

लेकिन उस घटना के कुछ सालों बाद जब मैं पहली बार माँ बनने की

दहलीज़ पर खड़ी हुई तो कष्ट में बिताए सारे महीनों का दर्द मिट गया।

राँची से वापस आकर कुछ ही दिन बीते थे जब मुझे उल्टियाँ होनी शुरू हुईं। फेटल पोल न दिखना, cyst होना अपनी मुश्किलें बनाए हुए था, जब इस नई मुश्किल यानी 'उल्टी होना' ने दस्तक दी। हमारे देश में उल्टी होना और माँ बनना यूँ तो पूर्वाग्रह से जुड़े शब्द हैं। जवान लड़की अगर बिना किसी वजह के उल्टी कर दे तो उसकी माँ का माथा उल्टा हो जाता है, और न जाने कितने ही सवाल उसके मन में उलट-पलट होने लगते हैं। उल्टी होने को ही माँ बनने का पहला इशारा माना जाता है। बहरहाल कई ऐसे मामले भी होते हैं जिन्हें उल्टियाँ होती ही नहीं, और कुछ ऐसे होते हैं जिन्हें नौवें महीने या लेबर रूम में जाते-जाते तक उल्टियाँ होती हैं।

क्या आपने कभी किसी को उल्टी करते हुए देखा है? मुँह से जो निकलता है सो ठीक है, लेकिन साथ में आँख-नाक से पानी के अलावा अँतड़ियाँ भी निकलने को होती हैं, ऐसा लगता है कि बस अभी पेट में न पच पाये खाने के साथ पेट और आँतें भी बाहर निकल आयेंगी।

"मुझे बचपन से सबसे ज़्यादा डर अगर किसी बीमारी से लगा है तो वो उल्टी ही है। मैं तब कुछ 10-11 साल की थी जब मेरी माँ दोबारा माँ बनने वाली थीं, उन्हें आये दिन होने वाली उल्टियों को देखकर मुझे लगता था कि माँ के पेट में जो मेरा भाई या बहिन है वो भी किसी दिन इसी उल्टी के साथ बाहर निकल आयेगा, लेकिन शुक्र है कि वैसा कुछ नहीं हुआ, और एक दिन अस्पताल से माँ के साथ मेरा भाई घर आया।"

ये किस्सा मेरी एक सहेली, जो मेरी ही तरह उल्टी से बहुत डरती थी, ने हॉस्टल के दिनों में हँसी से लोट-पोट होते हुए सुनाया था। तब हम हँसे ज़रूर थे लेकिन मन से उल्टी का डर निकला नहीं था, फिर गर्भावस्था के पहले महीने से ही होने वाली उल्टियों ने मेरे उस डर को राक्षस बना दिया।

जब भी उल्टी होती मेरी हालत खराब हो जाती, गर्भ की बढ़ती उम्र के साथ-साथ जैसे-जैसे गर्भाशय का आकार बढ़ा, ब्लैडर पर दबाव बढ़ने से हर बार उल्टी करते वक्त नीचे से भी कपड़े गीले होने से मन कड़वा हो जाता। उल्टी होना या होने जैसा महसूस होना ही एक भयावह क्षण बन गया है। मन के किसी कोने से उस दबे हुए राक्षस की आवाज़ आती कि कहीं मेरा बच्चा भी किसी दिन इसी उल्टी के साथ बाहर तो नहीं निकल जायेगा।

नाक की सूँघने की बढ़ती क्षमताओं ने मेरे अंदर उबकाई का कीड़ा घुसा दिया था, खाने के नाम से ही उल्टी आती थी, और जो नापसन्द हो वो तो खाते ही निकल जाता...ऐसे में मन और दिमाग दोनों काम करना बन्द कर देते हैं, खासकर कि जब आप ससुराल में हों, जहाँ भले ही सब अच्छा हो लेकिन मन में उलझन रहती है, आप सास की किसी काम में मदद कराने के लायक नहीं बचते, जो नापसन्द हो उसे नहीं खाना है ये खुलकर नहीं कह पाते, ऐसे में खाओ तो मरो और न खाओ तो मरो वाली स्थिति हो जाती, पूरे घर में आप हर वक्त मुँह पर हाथ रखकर घूम रहे होते हैं, और उबकाई को छुपाते फिर रहे होते हैं। सौंफ-मिश्री खाकर या कुछ श्वास से संबंधित व्यायाम करके अपनी उल्टी को काबू करने की असफल कोशिश कर रहे होते हैं।

ऐसे में मायके की बहुत याद आती है, मुझे भी आ रही थी, लेकिन धीरे-धीरे माहौल बदलने लगा, जैसे ही मुझे उल्टी होती सब मेरे आस-पास मेरी देख-रेख के लिए खड़े रहते, जो उस वक्त उल्टी से हिली अंतड़ियों पर कुछ मलहम का काम करता। पति हर तीसरे मिनिट मेरा हाल पूछते, बाथरूम में कुर्सी लगा दी जाती ताकि उल्टी करते वक्त ज़ोर न पड़े। जो उल्टी से पैदा होने वाली शर्म, झिझक को मिटाने की सबसे बड़ी वजह बनी वो थी उस दौरान मिला खुले दिल से अपनापन। मुझे सबसे ज़्यादा झिझक होती थी कि उल्टी हुई तो उसे साफ़ कौन करेगा, क्योंकि मुझे उल्टी देखकर और उल्टी होती है। जिस डर से मैं उल्टी आने की सम्भावना भाँपते ही बाथरूम में पॉट की तरफ़ भागती, लेकिन फिर एक दिन काबू न कर पाने की वजह से बाथरूम तक पहुँच नहीं पाई और आँगन में ही उल्टी कर दी। तब पति ने मुझे सँभालकर बैठाते हुए कहा, ''तुम आराम करो, मैं साफ़ कर दूँगा, तुम देखोगी तो तुम्हें और उल्टी होगी।''

~

शादी ज़िन्दगी का वह सट्टा है, जिसे पूरा परिवार-समाज सब मिलकर खेलते हैं। हँसी-खुशी खेलते हैं। ढोल-नगाड़ों के साथ खेलते हैं। शादी के बाद जब पति-पत्नी पुराने होने लगते हैं तब ढोल-नगाड़ों की आवाज़, हँसी, खुशियाँ गायब होने लगते हैं। फिर गायब होता है समाज और फिर परिवार। आखिर में बचते हैं, सिर्फ़ पति-पत्नी, जिन्होंने ज़िन्दगी का यह सट्टा न जाने कितनी

ही उम्मीदों के साथ खेला होता है।

मुझे राजेश खन्ना का वो डायलॉग याद आता है, जिसमें वो कहते हैं, ''मर्द पत्नी में माँ ढूँढता है।'' कुछ ऐसी ही बात शादी के शुरुआती दिनों में मेरी एक जेठानी ने कही थी। जब परिवार की किसी बुजुर्ग महिला ने मुझे 'दूधो नहाओ पूतो फलो' का आशीर्वाद दिया तो मेरी जेठानी मेरे पति की तरफ़ इशारा करते हुए मज़ाकिया अंदाज़ में बोली, ''पहले इसे अपने इस बच्चे को सँभालना तो सीख लेने दो।'' उस दिन तो मैं हँस दी थी, लेकिन जब माँ बनने की पहली सीढ़ी चढ़ी तो मैं भी अपने पति में एक पिता ढूँढने लगी। जैसी परवाह और दुलार मेरे पिता मेरे लिए रखते थे, वैसी ही मेरे पति भी मेरे लिए करें, यही उम्मीद करने लगी थी।

गर्भावस्था में मेरी उल्टी भले ही परिवार का कोई भी सदस्य साफ़ कर दे लेकिन पति का इतना कह देना कि 'मैं कर दूँगा' एक बहुत बड़ा मनोबल बढ़ाने वाला वाक्य साबित होता है।

जब आप माँ बनने के दौरान अपने अंदर हो रहे बदलावों से जूझ रहे होते हैं, तब इस तरह का साथ हर तरह की तकलीफ़ और परेशानी से राहत दिलाता है। इस एक छोटी सी घटना ने मेरे अंदर से उल्टी को लेकर पैदा होने वाले डर, झिझक और शर्म तीनों को शायद हमेशा के लिए खत्म कर दिया। बात छोटी है लेकिन मेरी ही तरह शायद एक माँ बनती औरत के लिए इसके मायने बड़े होंगे।

बायोलोजिकली गर्भावस्था में उल्टी होना सामान्य बात है, जो एक गर्भवती महिला को चौथे हफ़्ते से शुरू हो जाती है, किसी-किसी को छठे हफ़्ते से भी शुरू होती हैं। अधिकतर मामलों में यह चौदहवें सप्ताह से कम होना या खत्म होना शुरू हो जाती है, लेकिन किसी-किसी को पूरी गर्भावस्था के दौरान भी रहती है।

उल्टी होने के कुछ विशेष कारणों में एच.सी.जी. (hcg) और एस्ट्रोजेन (Estrogen) (यह महिलाओं में पाया जाने वाला एक तरह का हार्मोन है, जो उनके माहवारी के क्रम और उत्पादकता को क्रमिक बनाने वाले सहायक तत्वों में शामिल है) हार्मोन्स का शरीर में बढ़ना, नाक का सुगंध के प्रति ज्यादा संवेदनशील होना, पाचन शक्ति का धीमा होना, तनाव आदि कई कारण हैं, लेकिन उल्टी के लिए आपको तब तक परेशान होने की जरूरत नहीं है जब

तक यह बहुत ज़्यादा न हो रही हों। गर्भावस्था में हद से ज़्यादा उल्टियाँ होना भी खतरे की, माता में कुपोषण या किसी अन्य शारीरिक कमी की निशानी हो सकती है, इसलिए हद से ज़्यादा उल्टियाँ होने पर तुरन्त अपने डॉक्टर से सम्पर्क करें।

मैंने समय के साथ कुछ हद तक उल्टी से राहत पा ली थी, हालाँकि नाक पूरी गर्भावस्था में कुत्ते की तरह ही सक्रिय रही, रोटी का डब्बा खुले, गैस पर घी की कड़ाही चढ़े, चावल पके या दाल, कई तरह की सुगंध नाक में घुसते ही उबकाई आती थी, पर उल्टियाँ कुछ हद तक कम हो गयी थीं।

मूडस्विंग—दिमागी जद्दोजहद

अधिकांश महिलाएँ मूडस्विंग को गर्भावस्था की एक सामान्य समस्या मान तो लेती हैं लेकिन उससे होने वाले मानसिक बदलावों को सहजता से नहीं ले पातीं, और न ही उन्हें घर-परिवार में उस स्तर की समझदारी भरा माहौल मिलता है, अंततः इस दौरान कई महिलाएँ उदासीनता की शिकार हो जाती हैं।

''उस दिन हम कहीं घूमने जा रहे थे...रास्ते में अचानक पति ने कार की ब्रेक लगा दी, अचानक लगी ब्रेक से मैं न सिर्फ़ डर गयी बल्कि रोने लगी...'' सुनने में थोड़ा बेवकूफ़ाना लग रहा है न। मुझे भी रोने के बाद यही लगा था। खासकर तब, जब मैंने कार के सामने से एक कुत्ते को हटते देखा। पति मुझे रोता हुआ देखकर थोड़ा परेशान हो गए। लेकिन ऐसा मैंने जानकर नहीं किया था। यह समझने में उन्हें कुछ मिनिट लगे। सच कहूँ तो न सिर्फ़ उन्हें बल्कि मुझे भी अपने साथ हो रहे इस बेबात के 'मूड स्विंग' को समझने में वक्त लगा।

उस वक्त मेरी गर्भावस्था का सातवाँ हफ़्ता चल रहा था। हालाँकि, डॉक्टर की तरफ़ से हम अभी भी अधर में ही लटके थे। गर्भाशय में भ्रूण यानी मेरा बच्चा बना या नहीं, सिस्ट की पकड़ कमज़ोर हुई या नहीं, ये जानना अभी बाकी था। फिर भी क्योंकि तब तक मुझे किसी तरह की कोई ब्लीडिंग या दर्द नहीं हुआ था और एक गर्भवती महिला के साथ होने वाले सभी शारीरिक परिवर्तन एवं हो रही उल्टियाँ हमें यही बता रहे थे कि मैं गर्भवती हूँ।

गर्भावस्था के शुरुआती महीनों में चक्कर आना, उल्टी होना, सुबह उठने के समय सिर घूमना, छातियों में दर्द रहना ये सब बहुत ही सामान्य लक्षण हैं। इन सबके अलावा एक और लक्षण है, जिसे समझने में हम या तो थोड़ा

वक्त लगाते हैं या समझते हुए भी समझ नहीं पाते। वो है 'मूड स्विंग' यानी मनोदशा का बार-बार बदलना।

डॉक्टरों की भाषा में समझें तो, मूड स्विंग आपके शरीर में हो रहे बदलावों का कारण है। जैसे बढ़ने वाला शारीरिक तनाव, थकान, मेटाबोलिज़्म (चयापचय) में बदलाव, एस्ट्रोजेन और प्रोजेस्ट्रोजेन (यह भी एस्ट्रोजेन की तरह महिलाओं में पाया जाने वाला एक तरह का हार्मोन है जो उनके माहवारी के क्रम और उत्पादकता के चक्र को ठीक से चलाने वाले सहायक तत्वों में शामिल है) हार्मोन्स के कारण। हार्मोन्स का बदलता स्तर महिला के न्यूरोट्रांसमीटर के स्तर को प्रभावित करता है। जो असल में दिमाग का केमिकल होता है। यह केमिकल ही हमारे मूड यानी मनोदशा को चलाता है।

असल में, यह सब कुछ और नहीं, बस केमिकल लोचा है। प्रेग्नेंसी के दौरान महिलाएँ भले ही आपको बाहर से शारीरिक श्रम करते हुए न दिखें, लेकिन अन्दर से उनका शरीर दिन-रात हम्माली (वह जो दिन-रात मज़दूरी करता हो, भार ढोता हो, कुली के समान मेहनत करता हो) कर रहा होता है। अपने भीतर एक नई जान के लिए एक पूरा शरीर तैयार करना है। वो भी नौ महीनों में। उदाहरण के लिए, यदि हमारे किसी अंग पर कोई बड़ा घाव लग जाता है, जिसमें माँस कट-फट गया हो, तो उसे भरने में, उसकी तकलीफ़ जाने में भी महीनों लग जाते हैं। फिर यहाँ तो मांस का बना एक पूरा शरीर तैयार करना है। समझ रहे हैं न, एक महिला का शरीर कितनी मेहनत कर रहा है।

ऐसे में उसका दिमाग शरीर में हो रहे बदलावों के कारण थोड़ा बौखला जाता है। जिससे होता है, केमिकल लोचा, यानी मूड स्विंग।

प्रेग्नेंसी के समय में महिलाओं की मनोदशा का अस्थिर रहना बहुत आम सी बात है। लेकिन उनकी इस असमय बदलती मनोदशा को परिवार वाले भी उतनी ही आसानी से समझ लें, ये आम सी बात नहीं है।

~

''मुझसे पूछा गया कि मैं शाम को खाने में क्या खाऊँगी? मैंने शौक से अपनी पसन्द बताते हुए शाम का खाना तैयार करवा दिया। लेकिन शाम होते-होते तक मुझे वह नहीं खाना था जो मैंने खुद अपनी पसन्द से बनवाया था। अब मुझे कुछ और खाना था, या कुछ भी नहीं खाना था।''

‘‘मुझे डिनर के बाद रात में कुछ भी खाने की आदत नहीं थी। मैं एक बार सोने के बाद सीधे सुबह ही उठती थी। लेकिन उस रात मैंने 1 बजे अपने पति को उठाया। भूख से मेरे पेट में चूहे-हाथी सब दौड़ रहे थे। मुझे कुछ खाना था। क्या? मैं नहीं जानती थी। पति ने मुझे मैगी, पोहा, दूध, चना और न जाने क्या-क्या ऑप्शन दिए। लेकिन मैंने सब कुछ नकारते हुए ठंडा पराँठा और अचार खाकर अपनी भूख को सन्तुष्ट किया। न सिर्फ़ पति बल्कि मैं भी आश्चर्यचकित थे। मैंने इससे पहले कभी ठंडा पराँठा नहीं खाया था। वह मुझे कतई पसन्द नहीं था।’’

‘‘मैं सामान्य दिनों में कम ही बातचीत की आदी हूँ। मुझे गॉसिप करना नहीं आता। शायद मैं चाहती भी नहीं। फिर भी परिवार में रहते हुए आपको बहुत कुछ सीखना पड़ता है। मैंने भी थोड़ा-बहुत गॉसिप करना सीख लिया था। लेकिन उन दिनों जब भी कोई मुझसे बात करता मुझे चिड़चिड़ाहट होती। मैं वहाँ से उठ जाना चाहती। मैं किसी से बात नहीं करना चाहती थी। मैं सिर्फ़ अपना खाना खाती, अपना काम करती। परिवार के अन्य सदस्यों को मेरे इस बर्ताव से तकलीफ़ होने लगी। ऐसे में मैं कुछ नहीं कर सकती थी। मैं चाहकर भी अपने मन को बातें करने के लिए समझा नहीं पा रही थी।’’

ऊपर लिखे मूड स्विंग के तीनों उदाहरण बहुत ही सामान्य हैं, जो मेरे अलावा मेरी कुछ सहेलियों ने भी उनकी गर्भावस्था के दौरान महसूस किए। कुछ ऐसे भी थे, जो बहुत ही मज़ेदार थे, और कुछ ऐसे भी जिनसे परिवार का माहौल खराब हुआ।

ऐसी स्थिति में आप क्या करेंगे?

जब से मेरे साथ ये सब हुआ मैंने इसका नाम ‘आपातकाल’ रख दिया। जब आप चाहकर भी कुछ न कर पायें। ऐसे में परिवार का साथ मिलना बहुत ज़रूरी होता है। उनका यह समझना ज़रूरी होता है कि जो हो रहा है वह चाहकर नहीं हो रहा। मैंने कई परिवारों में देखा है, जहाँ सास ऐसी स्थिति में भी बहू को ताने मारती है, लड़ती है। उसके बदले व्यवहार का कारण समझने की जगह उसे उलाहना देती है। अपनी सहेलियों की बातें सुनकर और अपने आस-पास का माहौल देखकर मुझे यही लगता है कि हमारा समाज आज भी सिर्फ़ बेटियों के लिए बदला है। बहुओं के लिए नहीं। यदि बहुओं के लिए उन्होंने अपने परिवार में कुछ बदलाव स्वीकृत किये भी हैं, तो उनका

एहसान, उन्हें बार-बार जताकर, उलाहना देकर, उन बदलावों की अहमियत खत्म कर दी जाती है।

~

हालाँकि यह भी सच है कि गर्भावस्था में होने वाली इस अस्थिर मनोदशा या किसी अन्य स्थिति का कई महिलाएँ गलत इस्तेमाल करती हैं। मुझे पहले इस बात पर यकीन नहीं था, लेकिन मेरे गर्भावस्था पर आधारित लेखों के लिए एक मेल इससे सम्बन्धित भी आया था। जिसमें एक पुरुष ने अपनी व्यथा लिखी थी—

मैं उत्तर प्रदेश के एक छोटे से गाँव का रहने वाला हूँ। यहाँ के सरकारी अस्पताल की स्थिति अच्छी नहीं। लेकिन मेरी पत्नी की ज़िद है कि उन्हें प्राइवेट अस्पताल में नहीं दिखाना है। वे वही करती हैं जो उनकी माँ कहती हैं। मैंने उन्हें समझाने की बहुत कोशिश की लेकिन उन्हें मेरी हर बात गलत लगती है। जब भी कुछ समझाने की कोशिश करता हूँ, प्रेग्नेंसी में होने वाली मुश्किलों का नाम लेकर मुझे चुप करा देती है। उनका आठवाँ महीना चल रहा था और वे घर से चली गयीं। मायके में जाकर अपने भाई और माँ के साथ बाइक से डॉक्टर के पास जाती हैं। उनके घर से अस्पताल 14 किलोमीटर है। मैं शहर में रहता हूँ। मेरे पास कार होते हुए भी मैं असहाय महसूस करता हूँ। मुझे अपने बच्चे की बहुत चिन्ता होती है। मैं जानता और समझता हूँ कि प्रेग्नेंसी में बहुत मुश्किलें होती हैं, लेकिन क्या इस तरह उन परेशानियों को आधार बनाकर किसी की भावनाओं के साथ खेलना सही है?

मैंने ऐसी कई कहानियाँ सुनी हैं जहाँ लड़की ने अपने मायकेवालों की बात सुनकर अपने पति के साथ ज़्यादती की है पर अपने बच्चे को तकलीफ़ में डालना न सिर्फ़ गलत है बल्कि बेवकूफ़ी भी है। अफ़सोस इस बात का है कि ऐसी बेवकूफ़ियाँ लड़कियाँ करती हैं। परिवारवालों की भावनाओं से खिलवाड़ भी करती हैं, लेकिन ये संख्या उतनी ही है जितनी आटे में नमक के दानों की।

गर्भावस्था के दिनों में होने वाली यह अस्थिर मनोदशा, एक गर्भवती महिला के लिए बहुत ही नाज़ुक स्थिति हो सकती है। गर्भावस्था के समय कई महिलायें उदासीनता की शिकार इसी वजह से होती हैं कि उन्हें उनके

परिवार का भरपूर और खुले दिल से साथ नहीं मिल पाता। आज के ज़माने में जो रिश्तों में सबसे ज़्यादा ज़हर घोलने का काम करता है, वह है, पुराने ज़माने से या अपनी बीत चुकी स्थिति से आज की पीढ़ी की तुलना करना।

हम भी माँ बने थे, हमें भी ऐसा लगता था, लेकिन हमने तब भी परिवार के लिए इतना किया। हमने तो झाड़ू, पोंछा, बर्तन, कपड़े सब काम किये। ये आजकल की लड़कियाँ बहुत नाज़ुक हैं। ये मूड स्विंग के बहाने मत बनाओ। तुम माँ क्या बनने वाली हो परिवार को लेकर चलना भूल गयी हो। अब तो बहू किसी को खाने के लिए भी नहीं पूछती। अकेले अपना खाती, बनाती है।

ये बहुत ही आम सी बातें हैं, जो छोटे-छोटे परिवारों में कलह का कारण बन जाती हैं। प्रेग्नेंसी के दौरान जो आजकल लड़कियाँ महसूस कर रही हैं, बेशक वह नया नहीं है। नया है तो सिर्फ़ यह कि अब उन्होंने अपने जज़्बातों को, अपनी तकलीफ़ों को, अपने मन को सुनना सीख लिया है। अब वे पहले की तरह घूँघट के पीछे छुपकर अपने मन का गला नहीं घोंटती। अब वे अपनी तकलीफ़ों को मसालेदानी के मिर्च मसालों के साथ मिलाकर बन्द करके नहीं रखतीं। अब तो वे अपनी तकलीफ़ों पर घी की कड़ाही चढ़ाना चाहती हैं, ताकि उनके मन का घी जब पिघले तो उसकी गंध पूरे घर में फैले। और उस गंध को सूँघकर, स्नेह के दो बोल बोलने परिवार के लोग उनकी रसोई तक खिंचे चले आयें।

मुझमें धड़कते दो दिल

दुनिया में इससे ज्यादा रोमांचकारी और क्या होगा कि अब आपके
सीने के अलावा आपके पेट में भी एक दिल धड़क रहा है।

मेरा कोई भाई नहीं था। बचपन में जब लोग माँ से पूछते थे, ''बेटा नहीं है ?'' तब मुझे अपने लड़की होने पर गुस्सा आता था। जब कभी पापा देर रात घर आने के लिए डाँटते थे तो अपने लड़की होने पर गुस्सा आता था। जब कभी परिवार या समाज वाले लड़की होने का उलाहना देते थे, तो लड़की होने पर गुस्सा आता था। जब कभी लड़की होने की वजह से कई कामों को करने से रोक दिया जाता था, तब लड़की होने पर गुस्सा आता था। जब कभी कोई कहता कि, ''ऐसा कॅरियर मत चुनो, लड़की ज़ात हो, शादी में दिक्कत आयेगी...'' तब भी अपने लड़की होने पर गुस्सा आता था। लेकिन उस दिन, जब डॉक्टर ने मेरे अन्दर एक नन्हा सा दिल धड़कता दिखाया, तब पहली बार मुझे अपने लड़की होने पर गुस्सा नहीं आया। बल्कि आँसू छलक आये। आँखों के भीगते कोनों ने मुझे एहसास कराया कि, 'अब समझीं तुम लड़की क्यों हो ?' क्योंकि तुम ही हो जिसे ऊपरवाले ने जीवन देने लायक बनाया है, किसी लड़के को नहीं।

एक नन्हा सा दिल उस दिन मेरे पेट में धड़क रहा था। चाल चीते से तेज़ थी। दिखने में तारे सा टिमटिमा रहा था। अल्ट्रासाउंड मशीन पर धड़कते उस दिल का रंग भले ही लाल न दिख रहा हो। लेकिन बिन्दी के आकार का वो दिल, मेरे ही खून से बना है, सुर्ख लाल है, ये मैं जानती थी। मैं उस धड़कते दिल से बहुत कुछ कहना चाहती थी। उसे छूना चाहती थी। उसे शुक्रिया अदा करना चाहती थी, आने के लिए...मेरे अन्दर रहने के लिए...मुझे उस नेमत से

नवाज़ने के लिए जिसे ऊपरवाले ने सिर्फ़ औरतों के लिए ही बनाया है। कई दिनों तक वो धड़कता दिल मेरी आँखों के सामने घूमता रहा। मैं बैठे-बैठे ही उसके बारे में सोचकर मुस्कुराती। मेरे पति और मैं एक्टिंग करके एक-दूसरे को छेड़ते कि हमारे बच्चे का नन्हा दिल कैसे धड़क रहा था। वो कैसा दिख रहा था। अब हमारे पास हर पल मुस्कुराने की एक वजह थी। ये एहसास उतना ख़ूबसूरत है जितना शायद कुछ और नहीं।

आखिरी माहवारी के दो महीनों बाद जब डॉक्टर को मेरे गर्भाशय में झिल्ली के साथ-साथ उसमें भ्रूण भी दिखा तब मेरी खुशी का ठिकाना नहीं था। मिन्नतों के बाद वो दिन आया था। पिछली जाँच में जब डॉक्टर को भ्रूण नहीं मिला तो उसने कुछ खास उम्मीद नहीं दी थी। उसकी नाउम्मीदी से मैं डर गयी थी। कहीं एक बार फिर मैं गर्भपात की शिकार तो नहीं हो जाऊँगी? क्या इस बार मैं माँ बन पाऊँगी? इन दो सवालों ने अगली जाँच से पहले की रात नींद को मेरे पास भटकने भी नहीं दिया।

डॉक्टर के हिसाब से दो हफ़्ते पहले ही मेरा भ्रूण बन जाना चाहिए था, जो नहीं बना था। इसलिए उम्मीद कम थी। बस मन बहलाने के लिए 'लेट कंसीव' का एक सहारा था। जिसने मेरे दिल को दो हफ़्तों तक डूबने से बचाए रखा।

मैं हर रात अपने पेट पर हाथ फेरती। कहती तुम्हें आना होगा। इस बार तुम्हें आना होगा और जाँच के दिन जब वो आया, तब मैं रो दी थी। सोनोग्राफ़ी वाले कमरे से बाहर निकलते ही मैं बाहर खड़ी अपनी सास से लिपट गयी थी। जब मैंने कहा कि, ''माँ बन गयी हूँ,'' तब उन्होंने मेरा माथा चूम लिया था।

हमारी खुशी की बाँसुरी पूरे सुर में बजे ही जा रही थी। जिसे पूरी रिपोर्ट आने के बाद डॉक्टर ने फिर एक डर दिखाकर बन्द करा दिया। इस बार वो डर था, 'internal subchorionic mild bleed' (गर्भनाल की स्थिति बदलने की वजह से गर्भाशय के भीतर लेकिन भ्रूण की झिल्ली के बाहर होने वाला रक्तस्राव) का।

उस वक़्त तो मुझे लगा कि शायद ये डॉक्टर पिछले जन्म की कोई दुश्मनी निभा रही है। हर चेकअप में कोई-न-कोई ऐसी बात कह देती है कि हम पूरी तरह खुश भी नहीं हो पाते। डॉक्टर के अनुसार, अगले बीस दिन मुझे बेड-रेस्ट में बिताने थे। क्योंकि फ़िलहाल की सिचुएशन में मुझे

subchorionic bleed बहुत कम हुई थी, लेकिन यदि ये बढ़ जाती तो एक बार फिर मैं अपना बच्चा खो देती।

~

माँ बनने के बाद, बच्चे को पालने में बहुत कठिनाइयाँ होती हैं। लेकिन ऊपरवाला तो मेरी सारी परीक्षाएँ शुरू में ही लेने लगा था। आगे पता नहीं क्या होने वाला था। खैर, उस वक्त डॉक्टर ने दवाइयाँ और कुछ हार्मोन्स के इंजेक्शन लिखकर, पूरी तरह बेड-रेस्ट करने को कहा। मेरे लिए वह समय पहाड़ सा था। हाँ, बेशक मुझे नींद बहुत पसन्द है, लेकिन जब पता हो कि अब आपको अगले बीस दिनों तक सिर्फ़ बिस्तर पर ही रहना है, तब एक-एक मिनिट काटना मुश्किल होता है। खासकर जब आप ससुराल में हों। आप जानते हैं कि कोई आपको काम करने के लिए नहीं कहेगा। आप यह भी जानते हैं कि सभी आपकी मदद के लिए हमेशा तैयार रहेंगे। लेकिन हमेशा कुछ-न-कुछ करते रहने वालों के लिए बेड-रेस्ट किसी अवसाद से कम नहीं। मैं भी अपने स्वभाव में अचानक आये अवसाद और चिड़चिड़ेपन को महसूस कर रही थी। जिसे परिवार में सबको समझा पाना और सबका समझ पाना बहुत मुश्किल था।

हर हफ़्ते कमर में लगने वाले इंजेक्शन ने मेरे इस बेड-रेस्ट को कुछ और मुश्किल बना दिया था। जब आपकी दोनों तरफ़ की कमर घायल हो तब आप किस तरफ़ से लेटेंगे?

इन हालातों में एक बार फिर मेरे पति मेरे सहयोगी बनकर साथ खड़े थे। वे न सिर्फ़ मेरे बदलते स्वभाव को भली-भाँति समझते थे, बल्कि मुझे समझाते भी थे। मुझे सांत्वना देते थे। सोने से पहले किताब पढ़कर सुनाते थे, और हमेशा मुझे खुश रखने की कोशिश करते थे।

उन्होंने एक बार फिर इन्टरनेट छानकर यह ढूँढ निकाला कि subchorionic bleed वाले मामलों में भी बहुत सम्भावनाएँ होती हैं कि सब कुछ आगे बिलकुल सामान्य हो जाये। यह किस कारण से होता है, बताना थोड़ा मुश्किल है। इसके मुख्य कारणों में तनाव या कोई ट्रोमा (झटका) हो सकता है। subchorionic bleed जिसे subchorionic hemorrhage कहते हैं, असल में गर्भाशय के अन्दर लेकिन भ्रूण की झिल्ली के बाहर होती है। दोनों के बीच

में एक और परत रहती है chorion (chorion का अर्थ इस तरह समझा जा सकता है कि यह परत माँ के खून से बच्चे के खून में पोषण पहुँचाने का कार्य करती है) की। यदि किसी भी वजह से subchorionic bleed बढ़ती है तो वह अम्निओटिक सेक (amniotic sac) यानी तरल से बनी जिस झिल्ली में भ्रूण होता है, पर दबाव डालती है, जिससे गर्भपात होता है। इसलिए इस तरह के केस में डॉक्टर महिला को पूरी तरह से आराम या बेड-रेस्ट करने को कहते हैं। ताकि ब्लीडिंग न बढ़े।

इन्टरनेट पर subchorionic bleed के बारे में पढ़ते-पढ़ते मुझे यह भी पता लगा कि आराम के साथ-साथ बहुत सारा पानी पीना भी इसका निवारण करता है। मैंने भी वैसा ही किया। जूस, पानी और अपने खाने में बहुत सारा तरल पदार्थ लेना शुरू किया। और तब, बीस दिन के बाद मैं इस मुश्किल घड़ी से पीछा छुड़ाने में कामयाब रही।

~

इसके साथ मुझे उल्टियाँ, चक्कर आना, मोर्निंग सिकनेस (गर्भावस्था में सुबह के समय होने वाली थकान, अनिद्रा, चक्कर आना जैसी स्थिति), लो-ब्लड-प्रेशर की समस्याएँ बरकरार थीं। साथ ही साथ लोगों की तफ़्तीश भी शुरू हो गयी थी। पता लगना भी शुरू हो गया था। माँ बनने के बारे में बताना कोई बुरी बात नहीं है...लेकिन जब आपको खुद को ही पक्का न पता हो कि आगे खबर खुश रहेगी कि नहीं, तब क्या करेंगे, क्या कहेंगे? जब लोग आपसे पूछें कि बेड-रेस्ट क्यों है? अरे थोड़ा-बहुत तो चल सकती है? आजकल कहीं आती-जाती क्यों नहीं? जब आप बताना न चाहें फिर भी लोग जानना चाहें... वो एक ऐसा दौर होता है जब आप कुछ नहीं कहना चाहते सिवाय इसके कि, ''भाड़ में जाओ सब...जब यह पूरी तरह से तय हो जायेगा कि मेरा गर्भ अब सुरक्षित है, सभी कठिनाइयाँ जा चुकी हैं, तो मैं खुद ढिंढोरे पिटवा दूँगी।''

गर्भावस्था में पेट के उभार को बहुत दिन तक नहीं छुपाया जा सकता। फिर भी हमारे भारतीय समाज में नज़र टोटका आदि का चलन इतना ज्यादा है कि कोई भी गर्भवती महिला अपनी गर्भावस्था के बारे में बताने से बचती है तब तक जब तक पेट का उभार न दिखने लगे। शुरू के महीनों में मैंने भी किसी को बताना नहीं चाहा था, लेकिन कुछ रिश्तेदार महिलाएँ अपने हिसाब

से अपना गणित बैठा के, घुमा-फिरा के ऐसे बातें निकलवाना जानती हैं कि पूछो मत। मेरी प्रेग्नेंसी के शुरुआती महीनों में ही सावन पड़ा। समाज वालों ने सावन का मेला लगाया। जिसमें सावन का झूला भी डाला गया। अब गर्भवती महिला झूले पर नहीं बैठती है, इसकी हिदायत मुझे पहले ही मिल गयी थी सो मैं नहीं बैठी। पर, कुछ महिलाएँ थीं जो आते-जाते इसी ताक-फिराक में थीं कि मैं झूले पर बैठी या नहीं, यदि नहीं बैठी तो क्यों? मेरी झूले से दूरी उनके भीतर की उत्सुकता को, और 'मैं गर्भवती हूँ' ये खबर कानों-कान सब तक पहुँचाने को बढ़ रही थी। खैर मज़ेदार बात यह थी कि मेरी गर्भावस्था के तीन महीने पूरे होने से पहले तक परिवार में जिसको भी इस बारे में पता था वो मुझे यही हिदायत देता था कि 'किसी को बताना मत,' और यह 'किसी को बताना मत मुझे लगभग सब के सब कह चुके थे।'

हालाँकि इसके पीछे एक मनोवैज्ञानिक कारण यह भी है कि यदि किन्हीं कारणों से गर्भपात हो जाता है तो सौ लोग आपसे 'क्या हुआ' पूछकर उस समय में और भी दुखी न करें, जब आप पहले से ही बहुत दुःख में हों। मेरी स्थिति भी कुछ ऐसी ही थी, मैं बेडरेस्ट पर हूँ इस बात से जितनी तकलीफ़ मुझे थी, इससे कहीं ज्यादा तकलीफ़ समाज व परिवार के उन लोगों को थी जो मेरी तकलीफ़ में मेरा हाल पूछने भी नहीं आते। आराम से बिस्तर पर लेटी बहुएँ हमारे समाज में अब भी थोड़ी मुश्किल से हज़म होती हैं।

प्रेग्नेंट पिता

माँ बनते हुए स्त्री कई सारी बातें अपने उभरते पेट के साथ सीखती जाती है, लेकिन पिता को किसी शारीरिक परिवर्तन से नहीं गुज़रना पड़ता—शारीरिक रूप से यह बात तो सच है मगर पूरा सच नहीं। एक पिता बन रहे व्यक्ति के साथ भी कई ऐसी बातें घटित होती हैं जो हमें पता नहीं या हम देख नहीं पाते।

ज़िन्दगी में कुछ रातें ऐसी होती हैं, जो अपने नसीब में सारे सुख लिखवाकर आती हैं। यह भी उसी रात की बात है। उस रात माँ बनने की जितनी उत्सुकता मुझे थी...पिता बनने की तकरीबन उतनी ही घबराहट और मोह उसके चेहरे पर भी साफ़ झलक रहे थे।

यूँ तो हर पति-पत्नी की तरह हमारे रिश्ते में भी मिठास के साथ-साथ कई जगहों पर खटास और कड़वाहट भी आती है, लेकिन साथी को जब साथ होना चाहिए तब वह साथ हो तो सारी कड़वाहट और खटास धुल जाती है।

वह डॉक्टर के पास जाने से पहले वाली रात थी। अगले दिन मेरा बेड-रेस्ट खत्म होना था। subchorionic bleed के खत्म होने की खबर मिलनी थी। यदि सब ठीक रहा तो हम हमारे बच्चे की पहली हलचल देखने वाले थे, लेकिन मन भटका हुआ था, हज़ारों नकारात्मक सवालों में। सब ठीक होगा या नहीं ? कहीं कुछ गलत हो गया तो ?

वह मेरी परेशानी भाँपते हुए मेरे पास बैठा, मेरे हाथ को अपने हाथ की गर्माहट दी, और मेरे परेशान मन को अपने सुलझे हुए विचारों की ठंडक देते हुए पूछा,

वो—अच्छा बताओ किस बात से परेशान हो ?

मैं—कल सब ठीक तो होगा न ?

वो—भरोसा रखो, इस बार सब ठीक होगा।

मैं—इतना भरोसा कैसे ? मुझे तो बहुत डर लग रहा है।

वो—तुम साथ हो बस इसलिए भरोसा है।

मैं—अगर कुछ गड़बड़ हुई तो ?

वो—इस बार हम अपने बच्चे से मिलकर ही लौटेंगे, यकीन मानो।

उस दिन बहुत देर तक मैं उसके सामने अपनी घबराहट कहती रही और वह पूरी हिम्मत से अपनी हिम्मत के साथ-साथ मेरी भी हिम्मत बढ़ाता रहा। कभी-कभी सोचती हूँ, उन कमज़ोर पलों में उसकी हिम्मत कौन बढ़ाता होगा। शायद यही कारण है कि हमेशा फ्रंट फुट पर खेलते हुए मर्द भावनात्मक तौर पर अक्सर इतने मज़बूत हो जाते हैं कि कमज़ोर क्षण में भी खुद को सँभाल लेना उन्हें आता है।

~

माँ बनने के नौ महीनों में घर, परिवार, दोस्त, रिश्तेदार सभी माँ का खूब खयाल रखते हैं। खाने-पीने से लेकर उसकी छोटी-छोटी ज़रूरतों का। लेकिन पिता ? उसका खयाल कौन रखता है ? माँ बनने के लिए गर्भावस्था पर ढेरों किताबें बाज़ार में उपलब्ध हैं। ढेरों लेख इन्टरनेट पर पढ़े जा सकते हैं। लेकिन 'एक पिता कैसे बनें ?' 'क्या करें जब पिता बनें ?' 'एक बन रहे पिता का कैसे खयाल रखें' इस तरह की कोई विशेष किताब नौ महीनों वाली कहीं नहीं दिखती। हाँ, यह ज़रूर हर जगह लिखा रहता है कि पति को अपनी गर्भवती पत्नी के लिए यह करना चाहिए, वह करना चाहिए, ऐसे रखना चाहिए, वैसे रखना चाहिए, लेकिन यह कहीं नहीं लिखा रहता कि पति का किस तरह ध्यान रखना चाहिए।

गर्भावस्था में बीते उन कुछ महीनों में मैंने ये बातें महसूस कीं कि जितनी देखभाल की ज़रूरत मुझे है, उतने ही मानसिक सपोर्ट की ज़रूरत मेरे पति को भी है। वह खुद भले ही जताएँ न, पर आजकल मनोदशा अस्थिर रहती है।

असल में गलती किसी की नहीं, बल्कि हमारे नज़रिए की है। माँ बनने में नौ महीने लगते हैं। धीरे-धीरे माँ अपने बच्चे को समझना, उसे महसूस करना और उससे प्यार करना सीखती है। लेकिन हम चाहते हैं कि पिता यह

सब पहले दिन से ही करने लगे। वह उसी दिन पूरी तरह पिता बन जाये जिस दिन उसे यह खबर मिली कि वह पिता बनने वाला है। यह तो सरासर नाइंसाफ़ी हुई ना? हमें बन रहे पिता को भी पिता बनने के लिए उतना ही समय देना चाहिए जितना माँ को दिया जाता है।

मैंने अपने कुछ दोस्तों से बात की, कुछ बनने वाली माँओं से, और कुछ पिताओं से। जो बातें और अनुभव सामने आये, उन्हें यहाँ लिख रही हूँ—

''वो पहले सुबह दुकान जाते थे, दोपहर का खाना भी वहीं टिफ़िन से खाते थे, लेकिन अब तो दोपहर में घर आने लगे हैं...आकर सीधे मेरे पेट पर हाथ रखते हैं...कुछ देर उससे बातें करते हैं। फिर मुझे नसीहतें देकर चले जाते हैं।''

''पहले वो मेरी हर छोटी गलती पर डाँट देते थे, अब जैसे उनका गुस्सा उड़न-छू हो गया है... अब वो मुझे प्यार से समझाते हैं...''

''पहले वो दोस्तों के साथ रात-बिरात कहीं भी निकल जाते थे। एडवेंचर का शौक है, इसलिए खतरे मोल लेने से चूकते नहीं थे...लेकिन अब वो जाने से पहले सारे खतरों को नाप-तोल लेते हैं...अब वो अपनी ज़िन्दगी को खतरे में डालने से डरने लगे हैं...''

ये कुछ बातें मुझे मेरी सहेलियों ने बताईं। जब मैंने उनसे पूछा कि माँ बनने के दौरान तुम्हारे पतियों में क्या परिवर्तन आये। हमने महसूस किया कि 'माँ बनने के बाद एक आम औरत पहले से मज़बूत और एक आम पुरुष पहले से ज़्यादा कमज़ोर हो जाता है।' वह डरने लगता है। उसकी मर्दानगी उसके माथे पर नहीं चढ़ती, बल्कि उसे चेतावनी देती रहती है कि तेरे कन्धों पर तेरे बच्चों की ज़िम्मेदारी है। वह सोचने लगता है कि एक पिता के बिना हिन्दुस्तानी समाज में उसके बच्चों के लिए कितनी मुश्किलें सामने आ सकती हैं।

कुछ ऐसा ही मुझे मेरे पुरुष मित्रों ने बताया, जब मैंने उनसे पूछा कि पिता बनने के दौरान आप क्या-क्या बदलाव महसूस कर रहे हैं—

''मैं पहले से अधिक ज़िम्मेदार महसूस करने लगा हूँ। अब जब भी खुशी आती है घबराहट साथ लाती है। पत्नी पर पहले से ज़्यादा प्यार उमड़ता है...वो कोई लापरवाही करती है तो पहले से ज़्यादा गुस्सा भी आता है।''

''शादी के बाद मैं कभी पत्नी को मायके छोड़ने नहीं गया था। वो एक आत्मनिर्भर महिला है और मुझे उस पर फ़ख्र है कि वह छोटी-छोटी चीज़ों

और सफ़र के लिए मुझ पर निर्भर नहीं रहती। वो अपने सारे काम खुद कर लेती है। लेकिन अब जब वो माँ बनने वाली है, मैं उसे एक पल भी अकेला नहीं छोड़ना चाहता। यहाँ तक कि उसे उसके मायके भेजने में भी डरता हूँ। कहीं उसे कुछ हो न जाये, यह घबराहट हर पल मेरे मन में रहती है। अब मैं कार सँभलकर चलाता हूँ। उसके कहने से पहले उसकी बातें समझने की कोशिश करता हूँ।''

''बाकी सब तो ठीक है लेकिन कभी-कभी मुझे जलन होती है कि मैं माँ क्यों नहीं बन सकता। अपनी पत्नी की तरह मैं अपने बच्चे को अपने अन्दर क्यों नहीं पाल सकता। ज़िन्दगी में यही वह मौका है जब एक औरत एक आदमी को बिना कुछ कहे यह एहसास दिला देती है कि कौन कितना काबिल और ताकतवर है।''

ये वो बातें हैं जो मेरे पुरुष मित्रों ने मुझसे कहीं।

~

इनके अलावा अगर हम डॉक्टर्स की और वैज्ञानिक तथ्यों की मानें, तो होने वाले पिताओं में भी कई ऐसे लक्षण देखने को मिलते हैं, जैसे माँओं में दिखते हैं। जैसे उबकाई आना, मोर्निंग सिकनेस, नौज़ीआ, मूड स्विंग, वज़न बढ़ना आदि। विज्ञान इस स्थिति को couvade या sympathetic pregnancy यानी सहानुभूतिपूर्ण गर्भावस्था कहता है। इस टर्म के अंतर्गत लेबर और डिलीवरी वाले समय पुरुष की मानसिकता, उसे महसूस होने वाली भावनाएँ, पत्नी के लिए तकलीफ़ों का एहसास भी शामिल हैं। couvade असल में एक फ्रेंच शब्द है जो couver से बना है। हिन्दी में देखें तो couver का मतलब है सुलगना, माने माँ बनने के दौरान जितना एक औरत सुलगती है, उतना ही मानसिक रूप से कई पुरुष भी। हाँ, पुरुषों के मामले में 'हर पुरुष' नहीं कहा जा सकता। क्योंकि समाज में ऐसे भी कई उदाहरण मिल जाते हैं, जहाँ पुरुषों द्वारा अपनी गर्भवती पत्नियों को शारीरिक और मानसिक रूप से प्रताड़ित करते हुए देखा गया है, लेकिन इसका मतलब यह नहीं कि सभी को हम एक ही डब्बे में बन्द कर दें। वैज्ञानिकों द्वारा किये गए शोधों और व्यावहारिक उदाहरणों से यह सामने आया कि जिन पुरुषों के मन में अपनी गर्भवती पत्नी के लिए ज्यादा सहानुभूति, ज्यादा परवाह रहती है, या जो couvade जैसी सिचुएशन से गुज़रते

हैं, उनका अपने होने वाले बच्चे से सामान्य की अपेक्षा ज्यादा जुड़ाव रहता है।

सन् 2000 से अब तक होने वाले कई शोधों में यह देखा गया कि पिता बनने वाले पुरुषों में सिंगल पुरुषों की अपेक्षा ज्यादा हार्मोनल बदलाव होते हैं। जन्म से ठीक पहले पुरुषों में Prolactin अधिकतम स्थिति में होता है। जन्म के तुरन्त बाद के समय में Testosterone न्यूनतम हो जाता है। Estradiol का स्तर जन्म के पहले से, जन्म के बाद में बढ़ता है। और Cortisol लेबर और डिलीवरी के समय अपने पीक पर होता है। (प्रोलाक्टिन, यह महिलाओं में पाया जाने वाला हार्मोन है जो दूध बनाने में सहायक होता है, टेस्टोस्टेरोन, पुरुषों में पाया जाने वाला हार्मोन है जो शरीर में सेक्सुअल डेवलपमेंट, मांसपेशियाँ, और रेड ब्लड सेल बनाने में सहायक है। इसकी कमी शरीर को कमज़ोर करती है। एस्ट्राडिओल, महिलाओं में पाया जाने वाला एक हार्मोन है जो उनके मासिक चक्र और उत्पादकता के ठीक संचालन में सहायक है। कॉर्टिसोल, यह यूँ तो शरीर के संचालन के लिए एक बेहद ज़रूरी हार्मोन है, लेकिन मुख्यतः इसे स्ट्रेस हार्मोन यानी तनाव वाला हार्मोन भी कहते हैं, क्योंकि इसका कार्य शरीर में तनाव वाली स्थिति से जुड़ा रहता है।)

~

एक बच्चे के जन्म में सिर्फ़ माँ ही हार्मोनल बदलावों से नहीं गुज़रती है, बल्कि एक पिता को भी अपने अन्दर दुनियाभर के बदलावों को झेलना पड़ता है। फ़र्क सिर्फ़ इतना है कि भाव हम सिर्फ़ माँ को देते हैं और पिता पर पूरी ज़िम्मेदारी डाल देते हैं कि बेटा अपने अन्दर के बदलावों को एक तरफ़ रखो पहले बीवी का खयाल रखो। खयाल रखने में कोई बुराई नहीं पर इस खयाल की ज़रूरत उसे भी है जो पिता बनने वाला है। हाँ, उसे माँ की तरह शारीरिक परिवर्तनों से नहीं गुज़रना पड़ेगा, लेकिन मानसिक परिवर्तनों को समझने के लिए उसे हमारी ज़रूरत है।

पुत्रीवती भव:

किसी भी महिला की गर्भावस्था में पूरे नौ महीने इस सवाल के साथ ही बीतते हैं कि जो होगा वो बेटा होगा या बेटी? कई लोग बेटा चाहते हैं, कई बेटी। लेकिन भारतीय समाज में आज भी एक बेटे का होना सौभाग्य माना जाता है। पुत्रीवती भव: का आशीष देते शायद कोई दिखता हो।

मेरी गोद भराई का फ़ंक्शन चल रहा था। हमारे यहाँ कई सारी रीतियों के बाद एक खेल का रिवाज़ भी है। गीले आटे की लोई उठानी होती है। पाँच लोई होती हैं। एक-एक करके सारी उठानी हैं। तब तक, जब तक उनमें से किसी एक में से अँगूठी न निकल आये। यदि पहली में ही अँगूठी निकल आयी तो बेटा होगा। वैसे पहली, तीसरी, पाँचवीं लोई बेटे के नाम और दूसरी व चौथी बेटी के नाम की रहती है। पर पहली में ही अँगूठी निकलना सबसे अच्छा माना जाता है। मैंने जब यह खेल खेला तो पहली ही लोई में अँगूठी निकल आयी। तब खेल खिला रही और देख रही कई सारी महिलाओं ने मुझे बधाई दे दी, ''बधाई हो, बेटा ही होगा।'' उस दिन मुझे उस खेल से कोई खास खुशी नहीं हुई। कारण मुझे बेटा या बेटी की चाहत नहीं थी, बस एक स्वस्थ बच्चे की चाहत थी। लेकिन वहाँ उपस्थित आधे से ज्यादा लोगों को यह यकीन हो गया था कि अब मैं एक बेटे को ही जन्म दूँगी।

~

रक्षाबंधन मेरे लिए वह दिन हुआ करता था जिस दिन मेरी बहिन मुझे वह तवज्जो दिया करती थी जो हमारे समाज में अक्सर भाइयों को ही मिलती

है। उसकी राखी मेरी कलाई पर बँधती थी। सिर्फ़ वह ही मुझे अपना भाई नहीं मानती थी, मैं भी अपने आपको मम्मी-पापा का बेटा मानती थी। माँ को उलाहना देने वालों को खरी-खोटी सुना आती। इतना होने के बाद भी कहीं-न-कहीं ख्वाहिश थी कि काश एक भाई होता। फिर छोटी बहिन के बाद माँ जब प्रेग्नेंट हुई तो हमने भगवान् से भाई ही माँगा। माँ की प्रेग्नेंसी का समय कटा और डिलीवरी का समय आया। माँ हॉस्पिटल में थीं और हम घर पर। उस दिन मेरे घर पर मेरे कुछ कज़िन्स भी आये हुए थे। हम सभी हमउम्र थे। क्या होगा? भाई या एक और बहिन? भाई होगा तो क्या नाम रखेंगे, बहिन होगी तो क्या नाम रखेंगे? यही सब बातें करते हुए हम सभी हॉस्पिटल से खबर आने का इंतज़ार कर रहे थे। उस समय मोबाइल नहीं चलते थे। लैंडलाइन को अपने बिलकुल पास रखकर हम बस घंटी बजने का इंतज़ार कर रहे थे।

बहुत लम्बे इंतज़ार के बाद पापा आये, और उन्होंने मुझे दरवाज़े से ही आवाज़ लगाई। मैं भागती हुई दरवाज़े पर पहुँची और चहककर बोली, ‘‘पापा भाई आया ना।’’ पापा ने एक नज़र मुझे देखा फिर धीमे से बोले, ‘‘जा पानी लेकर आ, मेरे ऊपर डाल देना।’’

पहले मुझे लगा कि शायद हॉस्पिटल से आये हैं इसलिए, लेकिन फिर जब पापा की आँखों से झलकता पानी देखा तो मन डर गया। मैं कुछ पूछती उससे पहले ही पापा भरी आवाज़ में बोले, ‘‘हाँ, भाई ही आया था, लेकिन भगवान् ने शायद तुम्हारी किस्मत में भाई नहीं लिखा बेटा, वो चला गया।’’

मुझे बाद में मौसी से पता चला कि डॉक्टर्स की गलती और गलत अल्ट्रासाउंड रिपोर्ट से डिलीवरी में देरी हुई और पानी का स्तर कम होने से उस बच्चे की जान चली गयी। जन्म के बाद वो बस कुछ देर ही जी पाया। पापा उसे दफ़नाकर ही घर आये थे। उस दिन मैंने अपने होश में पहली बार पापा की आँखों में आँसू देखे थे।

उस दिन हमारी भाई पाने की इच्छा हमेशा के लिए दफ़न हो गयी, और पैदा हो गयी ताउम्र के लिए 'भाई नहीं है' के ताने से लड़ाई।

हम ऐसे युग में पैदा हुए जो दोराहे पर खड़ा है। जहाँ बेटी होना बुरी बात नहीं, लेकिन बेटा होना बहुत अच्छी बात है। यकीनन ज़माना हमेशा बहुत अच्छे को ही पसन्द करता है। मेरी माँ ने, मैंने और मेरी बहिन ने हमेशा ही भाई न होने के कई नुकसान उठाए हैं। तानों के अलावा कई ऐसे काम थे जो ज़माने

ने भाइयों के लिए निहित कर दिए हैं, लेकिन हमें बहिन होकर करने पड़े। कुछ बातें ऐसी भी थीं जिनसे यह साबित हो गया कि प्रगतिशीलता के दोराहे पर खड़ा यह समाज अभी भी बेटों को जनने वाली औरतों को ही ऊँचे बैठाता है।

~

उस दिन कुछ लोग मेरे घर रिश्ते की बात करने आने वाले थे। माँ को इस रिश्ते से बहुत उम्मीद थी। माँ लड़के के पिता को सालों से जानती थीं, लेकिन शायद वे लोग हमारे परिवार के बारे में नहीं जानते थे। किसी जाननेवाले के ज़रिये रिश्ता आया था। मैं तब नौकरी की वजह से दूसरे शहर में रहती थी। वे लोग सिर्फ़ घर-परिवार देखने और माँ-बाप से मिलने आने वाले थे। दिन बीतने के बाद भी जब माँ का फ़ोन नहीं आया तो मैंने उन्हें फ़ोन किया। जानने के लिए कि क्या रहा। जब माँ ने मुझे पूरी बात बताई तो मैं अचंभित थी। एक मल्टीनेशनल कंपनी में काम करने वाले लड़के के पिता, जो खुद एक पढ़े-लिखे व्यक्ति थे, नौकरीपेशा थे, उन्होंने मेरे लिए न कर दिया था, कारण था, ''क्योंकि मेरी माँ का कोई बेटा नहीं, इसलिए शायद मैं भी कभी एक बेटे को जन्म न दे पाऊँ।''

आज के समाज के परिप्रेक्ष्य में मुझे इस तरह की बातों पर यकीन नहीं होता। जहाँ एक तरफ़ लोग पढ़ी-लिखी, नौकरीपेशा बहू की उम्मीद रखते हैं, वहीं दूसरी तरफ़ लड़कियों को इस तरह की बातें कहकर ठुकराया जाता है। हालाँकि मुझे खुशी थी कि उन महाशय को मेरी माँ ने घर से बेइज्ज़त करके बाहर निकाला था, ताकि अगली बार वो किसी लड़की के परिवार को इस तरह नीचा दिखाने की जुर्रत न करें। अफ़सोस इस बात का था कि वैसे सिर्फ़ वह अकेले नहीं थे। उनके बाद दो-चार और भी ऐसे रिश्ते आये जिन्होंने बाद में यह कहकर मना किया कि ''मेरा कोई भाई नहीं, जिसकी वजह से भविष्य में मेरे माँ-बाप की जिम्मेदारी मुझे ही उठानी होगी।''

इस बारे में जब भी सोचती हूँ तो मन उस घटिया सोच के प्रति घिन से भर उठता है, जो अपने बेटे-बहू में तो बुढ़ापे का सहारा ढूँढते हैं, लेकिन अपनी बहू को उसके माँ-बाप के लिए जिन्होंने उसे जन्म दिया, पाला-पोसा बड़ा किया, उनके बुढ़ापे का सहारा नहीं बनने देना चाहते।

हमारा देश अब भी इस घटिया सोच से सराबोर है। कुछ हद तक हालात सुधरे ज़रूर हैं, लेकिन हर गर्भवती महिला को आज भी आशीर्वाद 'पुत्रवती भव' का ही मिलता है। हर गर्भवती महिला को देखकर उम्मीद की जाती है

कि उसे एक बेटा हो जाये। मेरी एक सहेली है जिसे पहली बेटी हुई। बेटी ऑपरेशन से हुई। वो एक पढ़े-लिखे समृद्ध परिवार की बहू है, लेकिन अब उसके मन में डर है कि अगर अगला बच्चा भी बेटी हो गयी तो क्या होगा? सीधे न सही घुमा-फिराकर परिवारवालों ने उसे कई दफ़ा जताया है कि 'अगर पहला बच्चा बेटा हो जाता तो टेंशन खत्म होती।'

~

'क्या वाकई पहला बच्चा बेटी होना एक टेंशन है?' ये एक ऐसा सवाल है जिसने मेरी गर्भावस्था को भी इस डर के साथ आगे बढ़ाया। हालाँकि मेरे परिवार में कभी किसी ने मुझे इस तरह का अनुभव नहीं कराया कि उन्हें बेटा ही चाहिए। लेकिन यदि बेटा होगा तो उन्हें बेहद खुशी होगी इस बात का एहसास मुझे कई बार आस-पास की बातों से हो जाता था।

हाल यह था कि लोग मेरी बदलती रंगत, तो कभी मुझे कितनी उल्टियाँ हो रही हैं इस बात से बेटा या बेटी होने का अंदाज़ लगाते। कोई कहता, ''इसका रंग सांवला पड़ गया है बेटा होगा,'' कोई कहता, ''इसे उल्टियाँ बहुत हो रही हैं, बेटी होगी,'' कोई कहता, ''इसकी चाल में फलाना परिवर्तन है, बेटा होगा,'' कोई कहता, ''इसे नमकीन ज्यादा पसन्द आ रहा है, बेटी होगी।'' काश हमारे देश में लिंग परीक्षण के साथ-साथ इस तरह की बातों को भी कानूनन अपराध बना दिया होता, जो पूरे नौ महीने एक गर्भवती महिला को अपने अंदेशों से मानसिक प्रताड़ना देने की कोशिश करती हैं।

हालाँकि कभी-कभी मुझे तकलीफ़ होती है। मेरी विदेश में रहने वाली सहेलियों को उनके होने वाले बच्चे का लिंग पहले ही पता चल जाता है, वो अपने आने वाले बच्चे के लिए ढेरों तैयारियाँ करने लगती हैं। तब लगता है कि काश हम भी वैसा ही कर पाते। लेकिन हमें जन्म होने तक रुकना पड़ता है, क्योंकि अगर तैयारी बेटे के लिए कर ली और बेटी हो गयी तब क्या होगा, या उल्टा हो गया तो।

कुछ दिन पहले अखबार में एक खबर पढ़ी थी। नोएडा में एक सास ने अपनी बहू को हौंडा-सिटी गिफ़्ट की, क्योंकि उसने एक बेटी को जन्म दिया था। मैंने भी मन-ही-मन कुछ ऐसे ही सपने संजोए थे। हाँ, मुझे हौंडा-सिटी नहीं चाहिए थी, बस अपनी आने वाली सन्तान के लिए भरपूर प्रेम और उत्साह चाहिए था और यदि वो बेटी हो तो बेटे से ज्यादा उत्साह और प्रेम चाहिए था।

कुछ महीनों पहले तक यह मेरी ख्वाहिश थी। जो एक दिन पहले हकीकत में बदलती नज़र आयी।

मैंने भी हर बनती माँ की तरह, अपने पति से पूछा, ''आपको क्या चाहिए, बेटा या बेटी?''... और जवाब में उन्होंने कहा, ''बेटी।'' जब मैंने पूछा क्यों? तो उन्होंने कहा, ''पता नहीं बस बेटी ही चाहिए।''

मैं—सुनो... अगर हमारे दोनों बच्चे बेटियाँ ही हुईं तो?

वो—तो..? तो मतलब?

मैं—मतलब आपको मन में कोई कसक तो नहीं रह जायेगी?

वो—कैसी कसक?

मैं—यही कि फिर आपका वंश कैसे चलेगा? (हँसते हुए)

वो—अच्छा, तुम आज अकबर के किसी पोते का नाम बता सकती हो? वो छोड़ो, महाराणा प्रताप या शिवाजी महाराज या आज से 300 साल पहले हुए किसी भी महान व्यक्ति के वंशज का नाम बता सकती हो?

मैं—नहीं... (सोचते हुए)

वो—जब आज उनके वंश का कोई नाम नहीं...जैसे-तैसे गूगल पर कुछ मिलता है तो मैं काहे अपने वंश की चिन्ता करूँ।

मैं—और आपको यह भी नहीं लगेगा कि बुढ़ापे में आपको सहारा कौन देगा?

वो—तुमने कभी मेरे पापा या तुम्हारे पापा से सुना है कि उन्हें अपने बच्चों से बुढ़ापे में सहारा चाहिए...खुद्दार इंसान के बच्चे किसी में सहारा नहीं ढूँढते...अपने बच्चों में भी नहीं।

मैं—हम्मऽऽऽ

वो—(हँसते हुए) शाहजहाँ के बुढ़ापे के सहारे ने तो उसे जेल में डाल दिया था...फालतू दिमाग के घोड़े दौड़ाना बन्द करो और सो जाओ...जो भी होगा वो खुद में एक बेहतर इंसान बने ये जरूरी है...स्वार्थी मत बनो।

उनके लिए ये मज़ाकिया बात शायद आयी-गयी हो गयी। पर, मेरी आँखें उस वक्त नम हो आयीं। न सिर्फ़ इस बात से कि मेरे पति किसी पुरानी रूढ़िवादी सोच की तरह अपनी पत्नी से एक वारिस की उम्मीद नहीं रखते, बल्कि इस बात से भी कि उन्हें बेटी किसी कारण से नहीं चाहिए। 'बस बेटी चाहिए।' जहाँ वजह न हो वह चाहत सच्ची और नेक होती है। उस दिन लगा

जैसे मन से एक बहुत बड़ा पत्थर किसी ने हटा दिया हो। अपनी प्रेग्नेंसी की वजह से होने वाली रोज़ नई तकलीफ़ें जैसे किसी ने आधी कर दी हों। किसी ने मेरे 'बेटा ही चाहिए' वाले डरावने खयाल को खदेड़कर भगा दिया हो।

~

मैं अपनी अब तक की ज़िन्दगी में दिल्ली, पुणे जैसे मेट्रो शहरों में रही। भोपाल, इंदौर जैसे थ्री-टायर शहरों में रही, गुना जैसे छोटे ज़िलों में रही, और भौंती, ईसागढ़, खनियाधाना जैसे बहुत छोटे गाँवों में भी रही। लेकिन 'एक बेटे की चाहत' में मुझे कहीं कोई खास बदलाव नज़र नहीं आया। हाँ, बड़े शहरों में लोगों ने स्टैण्डर्ड, एजुकेशन, ब्रांड्स की एक चादर ज़रूर ओढ़ रखी है, लेकिन उस चादर के पीछे अभी भी बहुत कुछ पुराना, सड़ा हुआ और दकियानूसी सोच बाकी है। लोगों को अभी भी एक माँ का माँ होना समझना बाकी है।

यह समझना बाकी है कि माँ बनना दुनिया का सबसे जादुई काम है। जो हर औरत करना चाहती है। हर औरत इस एहसास को महसूस करना चाहती है। इसमें भी पहली बार माँ बनना वह एहसास है जिसे शायद ही कोई लेखक, कवि या कथाकार अपने शब्दों से पूरी तरह लिख पायेगा। जैसे माँ के बारे में हमेशा पूरा और सब कुछ लिख पाना सम्भव नहीं, वैसे ही एक माँ के लिए उसके बच्चे के प्रति प्रेम को, गर्भ में बीते उसके महीनों को पूरी तरह कभी लिख पाना सम्भव नहीं। जब मैं उस दौर में थी, हर रोज़ यही सोचती थी कि मेरे अन्दर जो अंगड़ाइयाँ ले रहा है, जिसने मेरी संवेदनाओं को पूरी तरह बदल दिया है। जिसके लिए मैं बिना किसी बाहरी दबाव के पूरी तरह समर्पित हो चुकी हूँ। जिसके बाहर आने का इंतज़ार मैं हर रोज़ करती हूँ, काश उसे छू पाऊँ। लगता कि काश कुछ वक्त के लिए मेरी चमड़ी किसी कपड़े सी हो जाये, जिसे गर्दन से उठाकर मैं उसी तरह भीतर झाँक सकूँ जैसे गर्मियों में पसीना सुखाने के लिए कालर पकड़कर कपड़ा उठाते हैं। देख सकूँ कि भीतर मेरा बच्चा अभी क्या कर रहा है। क्या सो रहा है, या खेल रहा है, या खा रहा है, या वो भी मुझे देखने के लिए इसी तरह की कोई खुराफ़ात सोच रहा है।

हर माँ चाहती है कि वो अपनी प्रेग्नेंसी को पूरी तरह जिए, बिना इस दबाव के कि वो किस लिंग का इंसान पैदा करने वाली है।

जाँच प्रक्रिया में लापरवाही जानलेवा हो सकती है

गर्भावस्था के दौरान कई सारी जाँचें ज़रूरी होती हैं। कई ऐसी भी होती हैं जिनका नियमित होना ज़रूरी है। कई बार एक छोटी सी लापरवाही हमारी सारी खुशियों को छीन सकती है।

बचपन में जब बेर के साथ-साथ उसकी गुठली भी निगल जाती थी, तो माँ कहती, गुठली मत निगला कर, पेट में पेड़ उग जायेगा। तब मैं जानकर गुठली निगलती थी और कुछ दिन तक रोज़ पेट में पेड़ के उगने का इंतज़ार करती थी। महसूस करने की कोशिश करती थी कि क्या पेट में पेड़ के हिलने की, या पेड़ से बेर के टपकने की आवाज़ आ रही है। इसी तरह जब 'पेट में चूहे दौड़ रहे हैं' वाली कहावत को सुना तो सोचा कि पेट में चूहे क्या वाकई होते होंगे? वो बचपन की बातें थीं...वैसा कभी कुछ हुआ नहीं...क्योंकि वैसा कभी कुछ हो ही नहीं सकता था।

लेकिन अब...कुछ-कुछ वैसा ही हो रहा था...एक ज़िन्दगी मेरे अन्दर पनपने लगी थी। बीज अंकुरित हो चुका था, और एक बहुत ही नन्ही-सी जान अन्दर कहीं लहराने को मचलने लगी थी। हाँ, बस फ़र्क इतना था कि वहाँ कोई पेड़ नहीं बल्कि मेरा अपना बच्चा था। जो कुछ महीनों बाद मेरी गोद में खेलेगा।

Internal subchorionic bleed की वजह से 20 दिन पूरी तरह बेड-रेस्ट में बिताने के बाद डॉक्टर के पास जाने का वक्त आ चुका था। मैं एक बहुत छोटे शहर में रहती हूँ जहाँ बहुत अच्छी मेडिकल सुविधाएँ उपलब्ध नहीं हैं। इसलिए अपने डॉक्टर के पास पहुँचने के लिए मुझे 150 किलोमीटर का सफ़र तय करना था। घर से निकलने के 30 मिनिट बाद ही मुझे उल्टियाँ शुरू हो गयीं। बार-बार पेशाब करने की ज़रूरत महसूस होती, वह अलग। इसकी वजह से हम 150 किलोमीटर के रास्ते में पड़ने वाले लगभग सभी पेट्रोल-पंप पर रुक चुके थे,

लेकिन इस बार सफ़र लम्बा और ज़्यादा कठिन लग रहा था। साथ में यह डर भी कि कहीं उल्टी या किसी जर्क (झटका) की वजह से बच्चे को कोई और तकलीफ़ न हो जाये। घर से निकलकर डॉक्टर के दरवाज़े तक मैं छह-सात बार उल्टी करने के बाद उस हालत में थी कि अब गयी कि तब गयी। आँतें बाहर निकलने को थीं और दिल डर के मारे किसी कोने में दुबका बैठा था, लेकिन जब सोनोग्राफ़ी के लिए लेटी और डॉक्टर ने मुस्कुराते हुए स्क्रीन मेरी तरफ़ घुमाई...तब मेरी आँखों के सामने मेरी नन्ही सी जान अपने बित्ते-भर के हाथ-पैर हिला रही थी। मेरे पेट के अन्दर एक जान न सिर्फ़ साँसें ले रही थी, बल्कि अब अपने हाथ-पैर भी चलाने लगी थी। वह मुझे जीवन में सकारात्मक सोच के हर पहलू से जोड़ रही थी। उसके नन्हे-नन्हे से हिलते हाथ-पैर देखकर जो सुख की अनुभूति हुई वो अनमोल थी। उस एक लम्हे के बाद घंटों मेरे चेहरे पर मुस्कुराहट पसरी रही। मैं उससे पहले से भी ज़्यादा मोहब्बत करने लगी थी।

डर से कोने में दुबका दिल जब बच्चे को हरकतें करता देख खुशी से उछला तो मैं और मेरे पति दोनों की आँखों में पानी था। जिसमें हमारा नन्हा तारा टिमटिमा रहा था। एक सपना जो हमने देखा था, जिसने हमें बीते तीन महीनों में बहुत सताया था, रुलाया था, डराया था, अब कुछ हद तक साकार होता नज़र आ रहा था।

हालाँकि अभी वक्त था जब मुझे वो हरकतें महसूस होतीं, लेकिन हम स्क्रीन पर देखकर ही खुश थे। वो मेरा चौदहवाँ हफ़्ता था। मैं यकीन नहीं कर पा रही थी कि इतने सारे आग के दरिया पार करने के बाद मैं इस सीढ़ी पर पहुँच चुकी थी। Internal subchorionic bleed का नामोनिशान पूरी तरह मिट चुका था। अब आगे का रास्ता पूरी तरह साफ़ नज़र आ रहा था। तभी डॉक्टर ने एक स्पीड ब्रेकर लगा दिया...पूछकर कि ''*आपका रूबेला टेस्ट हुआ था?*''

मैंने कहा, ''शायद, रिपोर्ट्स देखनी होंगी।'' हॉस्पिटल में हुए पहले चेकअप में मेरी लगभग सभी जाँच हो चुकी थीं, ये अलग बात है कि नाम मुझे सबके याद नहीं थे। डॉक्टर भी सारी रिपोर्ट्स देख चुकी थीं, लेकिन मेरी ही किसी लापरवाही की वजह से रूबेला टेस्ट की रिपोर्ट अब तक डॉक्टर के सामने नहीं आ पाई थी। वो रिपोर्ट अलग से बनी थी। हर बार सामने आ रही किसी-न-किसी परेशानी की वजह से उस रिपोर्ट को डॉक्टर को दिखाना दिमाग से निकल जाता था। लेकिन इस बार जब डॉक्टर ने रिपोर्ट देखी तो फटकार लगाई—

डॉक्टर—आपने ये रिपोर्ट पहले क्यों नहीं दिखाई...आपका *Rubella Virus IgM Antibody* नेगेटिव है।

मैं—मतलब! तो अब क्या होगा डॉक्टर?

डॉक्टर—क्या होगा मतलब क्या, आपने इतनी बड़ी मूर्खता की कैसे। मैं तो इतने सारे मरीज़ों में भूल सकती हूँ। लेकिन आपको तो सारी रिपोर्ट्स दिखाना याद रखना चाहिए। वो तो शुक्र है कि आपका *Rubella Virus IgG Antibody* पॉज़िटिव है। अगर दोनों नेगेटिव होते तो तुरन्त गर्भपात कराना पड़ता।

गर्भपात का नाम सुनते ही मेरी रूह काँप उठी। इस मोड़ पर आकर जब मैंने अपने बच्चे को हाथ-पैर तक चलाते देख लिया है, उसे खोने की बात जैसे मेरे अन्दर हड़कंप मचा गयी हो। मेरी डरी हुई शक्ल देखकर डॉक्टर बोली—फ़िलहाल डरने की ज़रूरत नहीं है। हम अभी तुरन्त एक बार और रूबेला टेस्ट करेंगे। दुआ कीजिए कि पॉज़िटिव आये।

मुझे उस वक्त वो माँ-बाप दिखने लगे थे जो अपने बच्चे को खोने के बाद बिलखते हैं। डर से उनकी रोने की चीखें मेरे कानों में गूँजने लगी थीं। मुझे अपना सब कुछ लुटता हुआ दिखने लगा था। जाँच के लिए खून देने के बाद मैं शक्ल पर हिम्मत और दिल में आँसुओं को समेट रही थी।

उस दिन शायद मैं टूट जाती। लेकिन ऊपरवाले ने थोड़ी कृपा कर दी। पंद्रह मिनिट बाद टेस्ट की रिपोर्ट आयी और रूबेला पॉज़िटिव आया। डॉक्टर ने थोड़ी डाँट पिलाई लेकिन फिर तसल्ली देते हुए बोली, ''अब मुसीबतें टल गयी हैं। फिर भी दो महीने और अच्छे से ध्यान रखो। कोई भी लापरवाही खतरनाक हो सकती है।''

डॉक्टर की बात सुनते ही मेरा हाथ पेट पर गया। अल्ट्रासाउंड भले ही नहीं था, लेकिन मैं अपने बच्चे को मुस्कुराते हुए देख सकती थी। उसे हाथ-पैर मारते देख सकती थी। उससे बातें कर सकती थी। उस दिन पहली बार मुझे मेरी माँ के लिए उन सारी तकलीफ़ों का एहसास हुआ जो उसने मेरे लिए भोगी होंगी। उस दिन से मैं अपनी माँ से और ज़्यादा प्यार करने लगी।

यदि आपका *Rubella Virus IgG Antibody* टेस्ट रिज़ल्ट पॉज़िटिव है तो इसका मतलब है कि सब ठीक है। और आप रूबेला से बचे हुए हैं। और नेगेटिव होगा यानी *Rubella Virus IgM Antibody* 0.9 से कम होगा तो आप रूबेला के हमले के दायरे में हैं। असल में इसकी सुरक्षा के लिए हमें बचपन

में ही टीके लग जाते हैं। यदि किसी वजह से किसी को टीका न लगा हो तो रूबेला होने का खतरा होता है। आम मामलों में यह उतना हानिकारक नहीं होता लेकिन रूबेलाग्रस्त महिला से यह वायरस उसके बच्चे में भी स्थानांतरित हो जाते हैं, जिससे जन्म के साथ होने वाली विक्षिप्तता या गर्भपात की सम्भावना रहती है। इसलिए यदि गर्भवती महिला रूबेला वायरस से ग्रसित है तो उसे वह गर्भ रखने की सलाह नहीं दी जाती। इसलिए गर्भावस्था के शुरू के हफ़्तों में ही सारी ज़रूरी जाँच करा लें। ताकि आप आगे किसी भी तरह के खतरे से बचे रहें।

~

हमारी लव मैरिज हुई थी। सगाई तक सब ठीक था। फिर किन्हीं कारणों से मेरे पति के घरवाले शादी के लिए मना करने लगे, लेकिन उन्होंने मुझसे ही शादी की, जिस वजह से मेरे पति के घरवालों ने हमसे बात करना बन्द कर दिया। हमें अपना शहर बदलना पड़ा। ज़िन्दगी नए सिरे से शुरू करनी पड़ी। मेरे पति को नई नौकरी शुरू करनी पड़ी। मेरे मन में ये अपराधबोध था कि मेरी वजह से मेरे पति को उनके माता-पिता से दूर होना पड़ा। इसलिए मैंने सोचा कि शायद एक बच्चा आ जायेगा तो वो लोग पिघल जायेंगे। यूँ मेरा माँ बनने का इतनी जल्दी कोई इरादा नहीं था। सच कहूँ तो बहुत मुश्किल भरा समय था।

पहले तो मैं मानसिक और शारीरिक रूप से तैयार नहीं हो पाई थी। शुरू से ही शरीर से कमज़ोर रही। इसके चलते बहुत परेशानी हुई। दूसरा चंडीगढ़ जैसे अनजान शहर में मैं और मेरे पति अकेले थे। किसी डॉक्टर से कोई परिचय नहीं। ससुराल से कोई सम्पर्क में नहीं था और मेरी माँ के पास समय और अनुभव दोनों का अभाव था। तीन बार खून की जाँच होने पर भी यह पता नहीं चल पाया कि मुझे टायफ़ाइड रहा। नतीजा यह कि गर्भवती होने से पहले जिस शरीर का वज़न 47 किलो था गर्भावस्था के पूरे समय में 44 या 45 किलो पर ही टिका रहा। शरीर पूरी तरह से टूट चुका था। अंत में यही हुआ कि बच्चेदानी का पानी बहुत कम रह गया और मुझे ऑपरेशन के ज़रिये एक महीने पहले ही बेटी को जन्म देना पड़ा। प्रेम विवाह का एक साइड इफ़ेक्ट यह भी रहा कि मेरे पति को घर, नौकरी, बना बनाया कॅरियर सब छोड़कर आना पड़ा। नतीजा यह कि कहीं-न-कहीं आर्थिक अभाव भी रहा। न प्राइवेट डॉक्टर, न ही घर का काम सँभालने के लिए कोई कामवाली। 7-8 महीने तक

खुद खाना बनाना, खड़े होकर बर्तन धोना और जैसे-तैसे कपड़े धो पाना। वहीं दूसरी तर.फ़ प्रेम विवाह की एक अच्छी बात यह रही कि इन परिस्थितियों के बाद मैं आज जीवित हूँ तो अपने पति की वजह से। 7 महीने तक उल्टियाँ होती रहीं और वे बस इसी में रहते कि क्या खिला सकता हूँ तुम्हें। उन्हें 9 बजे से 7 बजे तक ऑफ़िस में रहना होता था, बावजूद उसके रात-रात भर जागना। सम्भव से ज़्यादा काम में हाथ बँटाना। कभी तो बिस्तर से भी उठने न देना, और सबसे बड़ी बात ऐसे कठिन समय में जब मेरा मन इस कुंठा से भरा हुआ था कि क्या ऐसे समय में भी हमारे साथ कोई नहीं होगा? तब मेरे पति का यह विश्वास दिलाना कि वे हैं हमेशा साथ। मेरा आत्मिक मनोबल बढ़ाते रहना ही उनका मेरे लिए सबसे बड़ा सहारा था...

फ़ेसबुक पर एक दोस्त बनी थी, जो मेरे लेखों को पढ़ती थी। पढ़ने के बाद उसने अपने मन की इस बात को मुझसे साझा किया। उस दौर में अपनी पीड़ा बाँटने वाला कोई मिल जाये तो बहुत तकलीफ़ें आधी हो जाती हैं। प्रेग्नेंसी के शुरुआती दौर में डॉक्टर्स कई सारी जाँच कराने को बोलते हैं। लेकिन कई बार चूक हो जाती है, जो बेहद हानिकारक और जानलेवा भी साबित हो सकती है। प्रियंका के साथ जो हुआ उसे किस्मत कहेंगे। पूरे नौ महीने टायफ़ाइड रहना बच्चे के विकास में रुकावट बना रहा।

असल में गर्भावस्था के दौरान शरीर का तापमान बढ़ने से हल्की हरारत या बुखार जैसा पूरे नौ महीने लगता है। प्रियंका की बीमारी भी इसी कारण पकड़ में नहीं आ पाई। उसे लगता रहा कि यह सामान्य हरारत है।

आपकी गर्भावस्था में जो हो रहा है, वह किस हद तक सामान्य है, इसका भी एक पैमाना होता है। बात बस इतनी सी है कि आप उस पैमाने को कितना समझते हैं। हाँ, यह ज़रूरी नहीं है कि हर छोटी बात के लिए अस्पताल के चक्कर लगाये जायें पर सामान्य बातों की जानकारी रखना न सिर्फ़ ज़रूरी है बल्कि फ़ायदेमंद भी।

~

समस्या वहाँ खड़ी होती है जहाँ हम सारी ज़िम्मेदारी डॉक्टर के ऊपर लाद खुद निश्चिन्त बैठ जाते हैं।

मैं हालाँकि कान में तेल डाल कर सोयी तो नहीं थी पर उस पैथोलोजिस्ट ने मुझे और भी झकझोर कर जगा दिया।

उन दिनों मैं अपने मायके गयी हुई थी। वह मेरे घर खून की जाँच के लिए सैंपल कलेक्ट करने आया था। अपनी प्रेग्नेंसी के दौरान नियमित हीमोग्लोबिन एवं ब्लड शुगर मैं चेक कराती रहती थी। उस दिन वह घर आया तो पूछा आप खून के साथ-साथ पेट में पानी के स्तर की जानकारी भी रखती हैं? जब मैंने पूछा कि 'यह कैसे जाँचें,' तो उसने बताया कि, ''जो आपकी *नियमित सोनोग्राफ़ी वाली जाँच रिपोर्ट होती है, उसी रिपोर्ट में एम्निओटिक .फ्लूड (गर्भाशय के भीतर रहने वाला तरल जिसमें बच्चा तैरता है), बच्चे का वज़न, प्लेसेंटा (गर्भनाल) की पोज़ीशन आदि सभी जानकारियाँ होती हैं। एम्निओटिक .फ्लूड की सारणी आपको नेट पर मिल जायेगी, बस उसी से आप अपनी रिपोर्ट का मिलान करती रहें। मैंने हाल ही में पानी कम होने की वजह से अपना छह माह का बच्चा खो दिया। हर वक्त डॉक्टर के पास रहता था। डॉक्टर ने कह दिया ठीक है तो मान लिया। तीसरे महीने के बाद डॉक्टर ने दोबारा कभी सोनोग्राफ़ी करवाने की सलाह नहीं दी। बस खुद ही देखकर बोल देती सब ठीक है। छठे माह में जब चेकअप के लिए गए तो सोनोग्राफ़ी में पता चला कि पेट का पानी कम हो गया है। लोकल डॉक्टर जिसका चेकअप चल रहा था उसने बाहर रे.फर कर दिया। हम पहुँच तो गए लेकिन तब तक बहुत देर हो चुकी थी। हमने अपनी बेटी को खो दिया था, जिसे एक सात साल के बेटे के बाद मन्नतों से माँगा था।''*

हर काल की अपनी एक खासियत होती है। हमारे काल की खासियत यह है कि इसमें सब व्यापार, सब धंधा और सब बिकाऊ हो गया है। शिक्षा और चिकित्सा भी इससे अछूते नहीं रह पाये। अच्छे चिकित्सक और अच्छे शिक्षक अब दोनों ही लालटेन लेकर ढूँढ़ने से मिलते हैं। ऐसे में आपको मेरी सलाह यही है कि अपनी लालटेन में तेल भराकर रखें, और दो-तीन डॉक्टर्स से राय ले लें, ताकि आपको निर्णय लेने में आसानी रहे और बाद में पछताने के लिए कोई वजह न रहे। आप चाहें तो डॉक्टर्स की सलाह के साथ-साथ इन्टरनेट का भी सहारा ले सकते हैं। बहुत सारे लोगों के अनुभव और बिन माँगी सलाह मुफ्त में मिल जाती है। हो सके तो सम्बन्धित किताबें पढ़िए। और जब तक सन्तुष्ट न हों, तब तक जानकारी हासिल करते रहिए। यही एक तरीका है जिसकी मदद से आप खुद को और अपने बच्चे को सुरक्षित रख सकते हैं।

ऐसे वक्त में सुहाते हैं ढीले-ढाले कपड़े

हमारे समाज में स्त्री का चरित्र और उसकी मर्यादा सब कपड़ों से आँकी जाती है, हिज़ाब हो या घूँघट उसे पहनना ही है चाहे वह उसमें खुश हो या दुखी। यह उसके लिए तब भी नहीं बदलता जब उसे इन्हें पहनने से शारीरिक तकलीफ़ ही क्यों न हो रही हो।

''करीना कपूर के फ़ोटोशूट्स देखकर लगता था कि काश मैं भी अपनी प्रेग्नेंसी में ऐसे सुन्दर-सुन्दर कपड़े पहन पाती...लेकिन मेरी किस्मत में वही साड़ी-ब्लाउज़ बदा था, वही माथा ढकना बदा था...हम छोटे भारतीय शहरों की लड़कियों की ज़िन्दगी न जाने कब इन साड़ी-ब्लाउज़ से बाहर निकलेगी।''

यह कहते हुए मेरी सहेली की आँखों में इच्छाओं से भरा एक अनकहा दु:ख उभर आया। वह भी माँ बनने वाली थी। उन्हीं खट्टे-मीठे अनुभवों से दो चार होती हुई...आये दिन शरीर में होने वाले बदलाव, बढ़ता वज़न, बढ़ती भूख, रातभर बाथरूम के चक्कर। इसके ऊपर खड़े-खड़े चक्कर, चिड़चिड़ापन और भी कई सारे प्रेग्नेंसी बदलाव, पर वह इन बदलावों के साथ ही अपनी प्रेग्नेंसी को एक अनोखे अन्दाज़ में सेलिब्रेट भी करना चाहती थी। वह सिर्फ़ एक बच्चा पैदा नहीं करना चाहती थी, बल्कि बच्चा पैदा करने के इस खूबसूरत अन्दाज़ को सजाना, सँवारना भी चाहती थी, पर कर नहीं पाती थी। क्यों ? छोटे शहर की बहुएँ रिवाज़ों के साथ सवालों से भी बँधी होती हैं। समाज क्या कहेगा ? लोग क्या कहेंगे ?

उससे भी ऊपर की बात तो यह है जनाब कि हर वक्त बीते हुए कायदों का तुर्रा जो हाज़िर है।

"हम भी तो साड़ी पहनते थे।"

"हमने क्या बच्चे पैदा नहीं किये?"

~

भारत में दिल्ली-बम्बई जैसे शहर कितने हैं? गिने-चुने और ज़िला स्तरीय शहर कितने हैं? जिन्हें गिनने में वक़्त लग जायेगा। एक तरफ़ जहाँ लोग नौकरी के लिए बड़े शहरों में अकेले रहने के लिए जाने लगे हैं, वहीं दूसरी तरफ़ छोटे शहरों में परिवार टूटते जा रहे हैं। टूटते परिवारों का एक कारण पुराने और आज के विचारों का मेल न खा पाना है। आज से 30-40 साल पहले जहाँ लड़कियाँ शादी से पहले भी साड़ी पहना करती थीं, वहाँ उन्हें शादी के बाद भी साड़ी पहनने में तकलीफ़ नहीं होती थी। लेकिन आज जहाँ लड़कियाँ शादी से पहले जींस और शॉर्ट्स में घूम रही हैं, उन्हें वहाँ शादी के बाद हर वक़्त साड़ी में बाँधकर रख पाना सम्भव नहीं। रहन-सहन की आज़ादी न मिल पाना भी टूटते परिवारों का एक कारण है।

2001 की रिपोर्ट देखें तो एकल परिवारों की संख्या 135 लाख थी, जबकि यही संख्या 2011 में 172 लाख हो गयी। एकल परिवारों की संख्या बढ़ रही है, क्यों? रहन-सहन की आज़ादी, नौकरी, छोटे शहरों से प्रवास, ये मुख्य कारण माने जा सकते हैं।

~

मेरी ससुराल बहुत छोटे शहर में है। यहाँ मेरे साथ के कई लोग मेरे रहने के ढंग पर कसीदे काढ़ते रहते हैं। वजह सिर्फ़ यह कि मुझे शादी के एक महीने बाद से ही सूट पहनने की आज़ादी मिल गयी, जबकि मेरे साथ वाली कई बहुओं को साड़ी पहनकर माथा ढककर रहना पड़ता है।

मेरी एक दूसरी सहेली को प्रेग्नेंसी के आखिरी महीनों में साड़ी पहनने में बहुत तकलीफ़ होने लगी। पेट पर कसकर पेटीकोट बाँधने से उसके पेट पर निशान पड़ने लगे, कसकर ब्लाउज़ पहनने से उसे साँस लेने में तकलीफ़ होने लगी, ब्लाउज़ तो दूर की बात है वह ब्रा भी नहीं पहन पाती। ऐसे में यदि वह दिनभर अपने कपड़ों से तंग आकर नाखुश सी घूमती तो उसे ताने पड़ते कि, "घर में किसी चीज़ की कमी नहीं फिर भी मुँह फुलाए घूमती हो, बच्चे पर बुरा असर पड़ेगा।" उससे भी तकलीफ़देह बात यह थी कि उसे

प्रेग्नेंसी के आख़िरी 4 महीनों में डायपर पहनना पड़ा। जब मुझे यह बात पता चली तो मैं न सिर्फ़ सुनकर हैरान थी बल्कि एक तरह से सदमे में भी थी। उसे पूरी प्रेग्नेंसी में बहुत उल्टियाँ हुईं, जिसके कारण हर बार उल्टी होने में उसके कपड़े नीचे से भी गंदे हो जाते थे, क्योंकि ब्लैडर पर दबाव बढ़ जाता था, इसलिए उल्टी होने में लगने वाले दबाव से मूत्र पर नियंत्रण नहीं रह पाता था। अब जितनी बार मूत्र निकले उतनी बार साड़ी-ब्लाउज़, पेटीकोट बदलना तो सम्भव नहीं, इसलिए उसे डायपर पहनना पड़ता था।

ये बताते हुए उसकी आँखों से आँसू गिरने लगे। वह बोली, ''मन करता है कि इन सारे साड़ी-ब्लाउज़ को आग लगा दूँ, और गाउन पहनकर घूमूँ, तकलीफ़ तो तब होती है जब मेरी ननदें मेरे सामने नाईटसूट में घूमती हैं। सोचती हूँ कि मेरे शरीर के अंग क्या उनके शरीर से अलग हैं? जिन्हें इतना ज़्यादा ढँककर रखने की ज़रूरत पड़ती है।''

मेरे पास उसके इन सवालों का कोई जवाब नहीं था। हालाँकि मेरी स्थिति उससे कुछ बेहतर थी। मुझे साड़ी नहीं पहननी पड़ती है। मैं सूट पहनती हूँ, लेकिन सच कहूँ तो बढ़ती प्रेग्नेंसी के समय में सूट भी चुभने लगता है। तब लगता है सिर्फ़ गाउन पहनकर घूमो। कोई भी कपड़ा चिपका हुआ न रहे शरीर पर। लेकिन रूढ़िवादी घरों की बहुओं के लिए यह सम्भव नहीं। यहाँ फिर से वही बात आ जाती है कि सारे समाज की इज़्ज़त का ठेका औरत के सिर पर ही तो होता है। ब्याह होते ही इस ठेके में बिना आमदनी के इज़ाफ़ा हो जाता है।

मेरी उस दोस्त की वह उत्कंठा मुझे बेहद लाजिमी जान पड़ती है कि क्यों उसके ससुरालवाले एक ही घर में रहने वाली दो लड़कियों के बीच फ़र्क करते थे। ऐसे में बस यही सवाल मेरे मन में भी आता है कि क्या ये अंतर सिर्फ़ इसलिए है कि एक आपकी अपनी औलाद है और दूसरे को आप किसी और के घर से अपने घर में लाये हैं ताकि वो आपका घर सँभाले। क्या आपकी अपनी बेटी जब गर्भवती होगी, और मायके आयेगी, तब भी आप उससे कहेंगे कि बेटा साड़ी पहनकर घूमो? तुम्हारा दिखता पेट अच्छ नहीं लगता? तुम्हारा मोटा होता सीना अच्छा नहीं लगता? नहीं। बेटी के साथ यह सब नहीं होगा...क्योंकि उसके दिखते शरीर से क्या फ़र्क पड़ता है, वो बेटी है। और बहू? क्या उसके शरीर में कुछ अलग से लगा होता है? जिसे

देखते ही आपकी नज़रों का अन्दाज़ बदल जाता है? अगर वाकई ऐसा ही है तो दोष आप में है। आपकी नज़रों में है, जो दो एक जैसे शरीरों में अंतर करता है। दोष उस बहू में नहीं है, जो अपनी गर्भावस्था के हर लम्हे को खास बनाकर जीना चाहती है।

~

प्रेग्नेंसी फ़ोटोशूट यूँ तो आजकल बहुत ही आम हो गए हैं और जबसे करीना कपूर, सोहा अली खान आदि ने इन तस्वीरों को खिंचाकर अपनी गर्भावस्था के लम्हों को, बढ़ते पेट को बहुत खूबसूरती से दिखाया है, हम जैसी लड़कियों के मन में भी इन लम्हों को कैद करके रखने की चाहत उमड़ पड़ी है। लेकिन, इस तरह के शूट्स आम तब तक हैं जब तक आप किसी मेट्रो या बड़े शहर में रहते हैं। मैं जहाँ रहती हूँ उस तरह के कस्बेनुमा नगर में इस तरह का फ़ोटोशूट कराना आज भी बड़ी और अचंभित करने वाली बात समझी जाती है।

अपने मोबाइल में कैद प्रेग्नेंसी की ढेरों तस्वीरों के अलावा भी मैं चाहती थी कि ज़िन्दगी के इस खूबसूरत पड़ाव को कुछ विशेष तस्वीरों में कैद किया जाये। वह तस्वीर जिसमें आप अपने भीतर अपने बच्चे को लिए हुए हैं वह जीवन भर के लिए मीठी याद की तरह रह जाता। मैं भी अपनी इन यादों को संजोना चाहती थी। इसी चाहत में मैंने भी फ़ोटो-शूट की इच्छा तो ज़ाहिर कर दी लेकिन हमारे शहर में वेस्टर्न कपड़े पहनकर या शूट के लिए अलग से कोई गाउन पहनकर घर से निकलकर, अपने आठवें महीने की प्रेग्नेंसी को जिसमें पेट का आकार बड़ी फुटबाल जैसा हो जाता है, को शोऑफ़ करना उतना भी आसान नहीं था, न ही इसकी इजाज़त थी। हमें जो भी करना था, घर में ही करना था। ऐसे में मैं किस्मतवाली थी कि फ़ार्महाउस पर रहने की वजह से मेरे पास जगह थी, नज़ारे थे। मैंने उनका फ़ायदा उठाया और अपने मातृत्व के इन पड़ावों का उत्सव मनाया।

मैं अपने-आप को वाकई खुशनसीब मानती हूँ कि मैं यह सब भी कर पा रही हूँ, वरना तमाम ऐसे मामले भी सामने आते हैं जहाँ होने वाली माँओं को अपने बारे में सोचने की फ़ुर्सत तक नहीं मिल पाती।

अपने जानने वालों में मैं पहली बहू थी जिसने अपनी प्रेग्नेंसी का उत्सव मनाने का यह तरीका चुना था और तस्वीरों को सोशल मीडिया पर शेयर भी

किया था। उन तस्वीरों को देखने के बाद मेरी कई दोस्तों ने मुझे लिखा था कि वे भी ऐसा ही कुछ करना चाहती हैं या चाहती थीं पर बहु परम्परा की दीवार टापने की हिम्मत कैसे कर पायें? खैर, दिल तो बच्चा है जी!

~

अपनी प्रेग्नेंसी के कुछ दिन मैंने अपने मायके में बिताए। शाम के समय में मैं छत पर टहलने जाती थी। मेरे घर से कुछ ही दूरी पर एक और घर की गर्भवती बहू भी छत पर टहलने आती थी। क्योंकि वो बहू थी, तो इतना बड़ा पेट लेकर उसे पार्क आदि में जाकर घूमने की इजाज़त नहीं थी। उसकी गर्भावस्था के आखिरी महीने चल रहे थे। डिलीवरी किसी भी समय हो सकती थी। वह एक राजस्थानी परिवार से थी, इसलिए पारंपरिक राजस्थानी घाघरा, चोली और दुपट्टा पहनती थी। आँखों तक अपना माथा ढँके हुए वह छत के चक्कर लगाती रहती थी। उसे देखकर मेरे मन में बस यही खयाल आता था कि इतने लहराते कपड़े पहनकर यह घूमती है, किसी दिन गलती से कहीं गिर न जाये। जिस अनहोनी का मुझे डर था वही हुआ। उसका घाघरा सीढ़ी उतरते वक्त उसके पैरों के नीचे आया और वह गिर गयी। तुरन्त अस्पताल ले जाया गया। भगवान् की दया से माँ और बच्ची दोनों को बचा लिया गया। अब दोनों स्वस्थ हैं।

इस हादसे के बाद मेरे मन में यही सवाल आया कि यदि बहू ने उस घाघरे की जगह कोई पैंट, या लोअर पहना होता, सीढ़ियाँ चढ़ने की जगह उसे किसी पार्क में वॉक करने दी जाती तो शायद उसकी जान को जोखिम में नहीं आना पड़ता। पर क्या वाकई समाज के सालों से चले आ रहे ढाँचे के सामने हम अपने लोगों की तकलीफ़ों की परवाह करते हैं? या फिर एक आदर्श पेश करने की होड़ में हम अपनों की तकलीफ़ों को जानकर अनदेखा कर देते हैं?

मैंने अपने आस-पास कई ऐसी बहुओं को देखा है जो बहुत कुछ चाहती हैं, लेकिन करती कुछ नहीं। क्योंकि उन्हें अपनी आदर्श बहू की छवि को खराब नहीं करना है। उनमें से कइयों से शादी के पहले ही यह शर्त रखवा ली गयी थी कि तुम्हें शादी के बाद साड़ी ही पहननी होगी चाहे कुछ हो जाये। वैसे यह 'साड़ी बला' इतनी फैली हुई क्यों है हमारे समाज में? क्यों आज भी छोटे शहरों में साड़ी एक हौवा बना हुआ है।

मुझे रह-रह कर अपनी सहेली की बात याद आती है, अगर आपकी बेटी आपके सामने कुछ भी पहनकर घूम सकती है तो बहू क्यों नहीं ? जिस लड़की को सारी ज़िन्दगी आपके घर में रहना है। अपने बूढ़े माँ-बाप को छोड़कर आपकी बुढ़ापे में सेवा करनी है। जिसे आपके घर के लिए बच्चे पैदा करने हैं, क्या उसे अपनी स्वेच्छा से कपड़े पहनने का भी अधिकार नहीं ? आजकल एक नया चलन चला है... 'हमारी बहू तो हमारी बेटी है।' ये एक वाक्य फ़ैशन बन गया है, लेकिन असल में जब बात बहू और बेटी के रहन-सहन, खान-पान, चाल-चलन पर आती है तो बहू बहू बन जाती है।

इन बातों को सोचते-सोचते मेरे दिल में खयाल उठता है कि गर्भावस्था एक लड़की के जीवन में आने वाला ऐसा दौर है जिसे हर लड़की पूरी तरह जीना चाहती है। उसका सुख लेना चाहती है। गर्भावस्था के दौरान वह जिन तकलीफ़ों से गुज़री है, बेशक उसकी सास या दादीसास या ननद होने के नाते आप भी उन तकलीफ़ों से गुज़री होंगी। आपने भी वही अनुभव किये होंगे। लेकिन आप आज से 30 साल पहले जिस तरीके से रहीं वैसे ही आपकी बहू भी रहे, ये किस तरह से जायज़ है खुद सोचकर देखिये।

अन्धविश्वास, टोटके और अपशकुन

हम हर उस बात पर यकीन कर लेते हैं जो हमसे कही जाती है, क्योंकि हमें सवाल करना नहीं सिखाया गया। विश्वभर में विख्यात अंधविश्वासों का यही कारण है। इनमें से अधिकांश का विज्ञान से कोई लेना देना नहीं है।

हम दो बहिनों के बाद मेरी माँ प्रेग्नेंट थीं। मैं तब 13 साल की थी। और पूरी उम्मीद थी कि इस बार भाई आयेगा। लेकिन उस एक अपशगुन ने माँ के मन में डर पैदा कर दिया था। हालाँकि मैंने उन्हें पूरी ज़िन्दगी कभी अंधविश्वासों पर यकीन करते नहीं देखा। लेकिन इस बात को वो अक्सर दोहराती हैं। क्योंकि हमने वाकई अपना भाई पैदा होते ही खो दिया था। पूरे नौ महीने की हैल्दी प्रेग्नेंसी के बावजूद भी वो चला गया। यूँ तो वो डॉक्टर्स की गलती से गया था। डॉक्टर ने गलत अल्ट्रासाउंड रिपोर्ट देकर बच्चे की लेट डिलीवरी की, जिससे वो बस दो घंटे ही जी पाया, लेकिन घर में अब भी कई लोग उस एक किस्से को इसका ज़िम्मेदार मानते हैं। उन्हें लगता है कि अगर एक मरे हुए इंसान के कपड़े मेरी माँ की गोद में न रखे जाते तो शायद आज हमारा भाई ज़िन्दा होता।

हालाँकि मैं और मेरी माँ आज भी अंधविश्वासों में यकीन नहीं करते, और यही मानते हैं कि जो हुआ वह महज़ वक्त, हालात और डॉक्टर्स की गलतियों के कारण हुआ। फिर भी कुछ कहानियाँ किस्से बन जाती हैं, जो आप गाहे-बगाहे सबको सुनाया करते हैं। इस अपशकुन से जुड़ी कहानी भी मेरी ज़िन्दगी की वैसी कहानी है जो मैं झूठे अपशकुन के नाम पर अक्सर दोहराया करती हूँ। वह छोटी दिवाली का दिन था। हमारा पूरा परिवार, पापा

के सभी भाई ददिहाल में हर साल की तरह इकट्ठा हुए थे। घर में खूब रौनक थी। मिठाइयाँ बन रही थीं। कोई पटाख़ों की जुगत में था, कोई खील-बताशों की। अपनी-अपनी उम्र और पसन्द के हिसाब से सब अगले दिन की पुर-ज़ोर तैयारियाँ कर रहे थे। लेकिन वे तैयारियाँ उस दिन अधूरी रह गयीं। मेरे चचेरे भाई की पहली और इकलौती बेटी उस दिन हमें छोड़ कर चली गयी। जब घर में उस चार साल की बच्ची की लाश आयी तो खुशियों को अचानक से गम के ग्रहण ने ढँक लिया। हर तरफ़ सिर्फ़ रोने और चीखने की आवाज़ें थीं। वो हमारे खानदान की अगली पीढ़ी की इकलौती औलाद थी, जिसे हमने दिवाली के दिन खो दिया था। इस सब के बीच कुछ और भी ऐसा हुआ जिसे बड़े-बुजुर्ग गलत मानते हैं। हुआ यूँ था कि किसी ने मेरी प्रेग्नेंट माँ की गोद में उस मर चुकी बच्ची के कपड़ों को रख दिया।

भारत के अधिकांश घरों में यह मान्यता है कि गर्भवती महिला को मुर्दें के सामने नहीं आने दिया जाता है, न ही उसे गमी वाले घर में जाने दिया जाता है। ऐसे में यदि किसी के अपने घर में ही कोई हादसा हो जाये तब भी एक एहतियात बरती जाती है कि प्रेग्नेंट लड़की मुर्दें के सामने न आये।

इसका सच से कितना ताल्लुक है ये तो मैं नहीं कह सकती, लेकिन हाँ, इसके पीछे का सच ज़रूर जानना चाहूँगी। इसके अलावा और भी कई ऐसे मिथ हैं हमारे देश में जो प्रेग्नेंट लड़की को चाहे-अनचाहे फ़ॉलो करने पड़ते हैं।

सुबह के 11 बज रहे थे। दोपहर होने में कुछ ही समय बाकी था। मेरी सास के फ़ोन पर किसी अन्य बुजुर्ग महिला का फ़ोन आया। फ़ोन सुनने के बाद वो मेरे पास आयीं। मुझे हिदायत मिली कि अगले कुछ घंटे मुझे कमरे में ही बिताने हैं। धातु की किसी वस्तु को नहीं छूना, कुछ खाना-पीना नहीं। और भी बहुत सारी हिदायतों के साथ उस दिन के कुछ घंटे मैंने बन्द कमरे में बिताए। कारण मैं प्रेग्नेंट थी और उस दिन सूर्य ग्रहण था।

सूर्य ग्रहण के समय निकलने वाली किरणें, हानिकारक हो सकती हैं। सम्भवत: धातु एवं खानपान से भी इसी हानि का कोई सम्बन्ध हो। लेकिन इस पूरी बात को धर्म से जोड़ना, शगुन-अपशकुन से जोड़ना हमारी पीढ़ी को इस सबसे दूर करता जा रहा है। यदि इन आस्थाओं का लॉजिक हमें न दिया जाये तो हमें इन पर विश्वास नहीं होता, और इसे मान्यता या अंधविश्वास का नाम दे दिया जाता है। सूर्यग्रहण, चन्द्रग्रहण, रात, दिन, दोपहर आदि से जुड़ीं

कई मान्यताएँ हमारे देश में हैं।

प्रेग्नेंसी में दोपहर बारह बजे घर से बाहर मत निकलो। शाम में जब दोनों समय मिलते हैं तब घर से बाहर मत निकलो। चौराहों पर मत जाओ। पेट पूरा ढँक कर रखो। घर से बाहर जाओ तो कोयला या लोहा साथ में लेकर जाओ आदि कुछ ऐसी मान्यताएँ हैं जो मैंने अपनी प्रेग्नेंसी के दौरान सुनीं। मैं इन पर यकीन भले न करूँ लेकिन इन्हें फ़ॉलो करना पड़ता था। फ़ॉलो करने की पहली और आखिरी वजह बस इतनी सी है कि भले आपको इन मान्यताओं पर यकीन न हो, लेकिन कल को किसी भी वजह से आपके या आपके होने वाले बच्चे को परेशानी होती है तो उसके लिए इन्हीं सब को ज़िम्मेदार ठहराया जायेगा। तब आपके पास देने को कोई दलील नहीं होगी। तब आपको अपने मॉडर्न होने के ताने सुनने पड़ेंगे। और ये भी कि अगर आपने बात मानी होती तो शायद सब ठीक होता। इसलिए मैं या मेरे जैसी कई लड़कियाँ जो छोटे शहरों में सम्भ्रांत परिवारों में रहती हैं यही सही मानती हैं कि ''भैया, जो बड़े कह रहे हैं चुपचाप कर लो।''

वैसे मेरी माँ मान्यताओं से जुड़ा एक मज़ेदार किस्सा अक्सर सुनाया करती हैं।

किस्सा थोड़ा पुराना है, किसी दूरदराज के शहर का। जहाँ एक घर में शादी थी, बेटे की। नई बहू का आगमन होने वाला था। घर में ज़ोरों से तैयारियाँ चल रही थीं। रोली, आल्ता, मेहँदी से सजे आँगन में अगर कहीं से कोई बिल्ली आ जाये तो किसे बर्दाश्त होगी? वहाँ भी कुछ ऐसा ही हुआ। बिल्ली कहीं से कुछ खा-पीकर उस शगुन से भरे घर में अपशगुन फैलाने ठीक आँगन में आकर पसर गयी, माने परलोक सिधार गयी। बनने वाली सास की तो सिट्टी-पिट्टी गुम, बहू दरवाज़े पर खड़ी हो और आँगन में काली बिल्ली मर जाये तो हमारे देश की आधी जनता तो वैसे ही बौरा जाये। खैर वो सास थोड़ी समझदार थी। बहू से प्यार भी करती थी, सोचा बहू दरवाज़े पर खड़ी है। ऐसे में कहाँ किसी को बिल्ली को हटवाने के लिए बुलाऊँगी। लोग देखेंगे तो बातें भी बनाएँगे। माहौल और समय देखते हुए सास ने एक बाँस की टोकरी से उस बिल्ली को ढँक दिया और ऊपर से थोड़ा सजा भी दिया। उसे ऐसा करते हुए किसी रिश्तेदार महिला ने देख लिया। उसने जब ऐसा करने का कारण पूछा तो जवाब मिला कि बेटे-बहू की जोड़ी को किसी की नज़र

न लगे, इसलिए काली बिल्ली को मारा गया। बस फिर क्या था, वो दुर्घटना उस परिवार में और धीरे-धीरे उस गाँव की प्रथा बन गयी। जब भी किसी के घर नई बहू आती तो कहीं से भी काली बिल्ली को ढूँढकर लाया जाता। उसे मारकर आँगन में बाँस की टोकरी से ढँका जाता। तभी बहू घर में आती।

कुल मिलाकर कहानी यह है कि हमारे देश में बहुतेरी प्रथाएँ, कुप्रथाएँ हैं। जिनका विज्ञान या तर्क से कोई लेना-देना नहीं। फिर भी वे चली आ रही हैं। क्यों, क्योंकि हमने उन पर कभी 'क्यों' नहीं किया।

कुछ मज़ेदार बातें जो मैं अक्सर सुनती हूँ। अगर बढ़ता हुए पेट ऊपर चढ़ा हुआ है तो लड़की होगी, अगर नीचे लटका हुआ है तो लड़का होगा। अगर नमकीन खाने की इच्छा हो रही है तो लड़की होगी, अगर मीठा खाने की इच्छा हो रही है तो लड़का होगा। सूई में धागा डालकर सिलाई मत करो। ज़मीन पर अगर किसी बाल्टी के रखने से पानी का गोल निशान बन गया है तो उसके बीच में पैर मत रखो। अगर प्रेग्नेंसी के दौरान आपको बहुत ज़्यादा गैस या सीने में जलन हो रही है तो आपके होने वाले बच्चे के बहुत ज़्यादा बाल होंगे। अरे भाई! होने वाली गैस या जलन का बालों से कोई सम्बन्ध नहीं। क्योंकि प्रेग्नेंसी की उम्र बढ़ने के साथ-साथ आपके बढ़ते हुए यूट्रस का साइज़, आपके लीवर और ब्लैडर पर दबाव डालता है, जिससे आप जो खाते हैं उसे ठीक से हज़म होने में वक्त लगता है, और दिक्कत भी होती है। इसलिए अगर आप चाहें तो होने वाले बच्चे के बाल कितने होंगे इस पर कण्ट्रोल कर सकते हैं। मेरा मतलब है अगर आप तरल पदार्थ ज़्यादा लें। तला हुआ न खाएँ। थोड़ा-थोड़ा खाएँ। और सबसे ज़रूरी चबा-चबा के आराम से खाएँ तो आपको प्रेग्नेंसी में गैस और जलन की समस्या कम-से-कम होगी।

~

मेरी बचपन से ही सवाल पूछने की आदत रही है। यदि कोई कुछ करने को कह रहा है तो मैं उसका कारण जानना चाहती हूँ, ताकि पता रहे कि मैंने वो काम क्यों किया, पर शादी के बाद कई बार या तो मेरे इस क्यों का जवाब नहीं मिला, या इसे 'ऐसा ही है' कहकर चुप करा दिया गया। जवाब न मिलने का जो कारण मुझे समझ आया कि सही जवाब असल में किसी को पता ही नहीं होता। जो चला आ रहा है, वह मान्यता बनकर चला आ रहा है। वैसे

बेचारा भारत मुफ़्त में बदनाम है। इन वहमों और मान्यताओं की मारी हुई तो पूरी दुनिया है।

अब मेक्सिको के लोगों की ही सुन लीजिये। वहाँ के लोग मानते हैं कि प्रेग्नेंट लेडी को चाँदनी रात में बाहर नहीं निकलना चाहिए, और उसे हमेशा अपने गले में धातु का कुछ बना हुआ पहने रहना चाहिए। जैसे चाबी, क्रॉस या ऐसा ही कुछ...

अरब के लोग मानते हैं कि अगर आपको किसी चीज़ की क्रेविंग ज्यादा हो रही है और सिर्फ़ वही-वही खाएँगे तो आपका बच्चा उसी शेप के बर्थ-मार्क के साथ पैदा होगा और ये भी कि अगर आपने अपनी प्रेग्नेंसी के दौरान खरगोश को देखा तो आपके बच्चे के खरगोश जैसे दाँत होंगे। वैसे अगर इस मान्यता को समझा जाये तो यह इस प्रकार तर्कसंगत है कि मनुष्य अपना सारा शरीर मस्तिष्क से चलाता है। हमारी सोचने की प्रक्रिया एवं शक्ति हमारे शरीर पर पूरा नियंत्रण रखती है। अपने मस्तिष्क की क्षमताओं से अपने शरीर की किसी चोट को ठीक कर लेना, भूख, नींद, प्यास को नियंत्रण में कर लेना, किसी शक्ति को पा लेना, ये सब ऐसी बातें हैं जो बतौर सबूत कई बार खबरों द्वारा हमारे सामने आती हैं।

अब मानने वालों का क्या करें। वे तो इस किंवदंती को भी सच मानते हैं कि अर्जुन के बेटे अभिमन्यु ने गर्भ में ही चक्रव्यूह रचना सीख लिया था। हाँ, यह सच है कि हमारे क्रिया-कलापों का गर्भस्थ शिशु पर असर पड़ता है पर अर्जुन-अभिमन्यु की बात में कितनी हकीकत है वह तो वेद व्यास ही बता पाते। इसलिए यह भी माना जाता है कि माँ की सोच और शारीरिक कार्यप्रणाली का बच्चे पर असर पड़ता है। यही बात उस मान्यता पर भी लागू होती है। यदि आपका दिमाग किसी जानवर या चित्र के प्रति हरपल सोच रहा है, तो हो सकता है कि उसका असर आपके बच्चे के लुक्स पर भी पड़े। सिर्फ़ खरगोश ही नहीं वो आकृति कुछ भी हो सकती है। इससे जुड़े विज्ञान के बारे में विस्तार में लिखूँगी तो पूरी किताब इसी विषय से भर जायेगी। आपको नेट पर ढेर सारी सम्बन्धित जानकारी मिल जायेगी। पढ़िए और कारण जानिए, क्योंकि दुनिया में मान्यताएँ भरी पड़ी हैं।

नेटिव अमेरिकन प्रेग्नेंसी में बाल कटवाने को गलत मानते हैं। अगर बाल कटवाए तो बच्चे को दृष्टि-रोग हो सकता है। तो ताइवान के लोग

प्रेग्नेंट लेडी को उसके कंधे से नहीं छूने देते। हवाई और अमेरिका के लोग मानते हैं कि प्रेग्नेंट लेडी को गले में ऐसी चीज़ें नहीं पहननी चाहिए जिनमें गोल-गोल लूप बनता हो।

पूरी दुनिया में सवा-सौ से ज्यादा देश हैं और मान्यताएँ उसी लिहाज़ से बिखरी पड़ी हैं। मैं ये नहीं कहती कि इनमें से सभी पूरी तरह झूठी या मिथ ही हैं। हो सकता है कि कुछ का ताल्लुक वाकई विज्ञान या किसी तरह की सच्चाई से भी हो, लेकिन मेरा मानना बस इतना है कि अपनी ज़िन्दगी में किसी भी बात को अपनाने से पहले हमें उसके 'क्यों' को ज़रूर जान लेना चाहिए। ताकि आप जो कर रहे हैं आपको उसकी वजह पता हो। सवाल करना कोई बुरी बात नहीं। इससे आपके ज्ञान में भी बढ़ोतरी होगी और आपको कई नई चीज़ों के बारे में जानने को मिलेगा। वरना सोच लीजिये आपका होने वाला बच्चा भी किसी भी बात पर बिना सोचे-समझे यकीन करना सीख जायेगा। उसे सवाल करना सिखाएँ, उसे 'क्यों' पूछना सिखाएँ। ताकि वो यूँही किसी भी वहम के लपेटे में न आये।

बस थोड़ा रो लूँ

प्रेग्नेंसी का वो दौर जब आप रोना चाहते हैं, अकारण ही। इसे समझना ज़रूरी है और इस समय में उठ रहे ख़यालों को अपने साथी से बाँटना भी।

उस रात मैं दो घंटे तक रोती रही। क्यों? मैं भी नहीं जानती। अपने पति से मैं उन बातों की शिकायतें कर रही थी जो गलतियाँ उन्होंने की ही नहीं थीं। शायद उन शिकायतों को करते वक्त मैं वो वजह ढूँढ़ने की कोशिश कर रही थी जिसकी वजह से मुझे रोना आया, लेकिन बहुत सारी शिकायतों के बाद भी जब मुझे वह वजह नहीं मिली तो मेरा रोना धीरे-धीरे शांत हो गया। तब तक रात के 12 बज चुके थे। तेज़ भूख लगने लगी थी। मैंने रसोई खँगाली। कुछ खाने के सामान से प्लेट भरी। ढेर सारा खाया, पानी गटका और सो गयी।

अगली सुबह इन्टरनेट पर अपनी तरह की उन तमाम होने वाली माँओं को ढूँढ़ने लगी जिन्हें इस दौरान बिना किसी वजह के रोना आ रहा है। तब मुझे मिला इस अजीब सी सिचुएशन का एक नाम 'प्रेग्नेंसी डिप्रेशन'।

हाँ वाकई। मुझे भी आश्चर्य हुआ था ये जानकर कि जब आप अपने आने वाले बच्चे के लिए खुशी से भरे होते हैं। जब रोज़ पेट में लात-घूसे मारकर वो आपको रोमांचित कर रहा होता है। जब उसकी हलचल के सहारे आप बिना कुछ किये मुस्कुरा रहे होते हैं, तब भी आप डिप्रेशन की एक सिचुएशन में हो सकते हैं। ऐसी सिचुएशन जिसमें दिन में कई बार आपको अपने पेट से गले तक कोई तकलीफ़ खिंचती हुई महसूस होती है, और गले में आकर वो रुआँधी हो जाती है। फिर आपको रोना आता है। लेकिन आँसू नहीं आते। आप हर वक्त बस रोना चाहते हैं, कई बार चीखकर भी रोना चाहते हैं, लेकिन

तब भी आँसू नहीं आते। आँसू क्यों नहीं आते? शायद इसलिए कि आपको पता ही नहीं कि आपको रोना क्यों आया। या फिर शायद इसलिए कि आपको रोना अच्छा नहीं लगता। इतना लिखने के बाद भी मैं आपको ठीक-ठीक नहीं बता सकती कि उस दौरान मुझे कैसा लगता था।

कभी बैठे-बैठे अचानक कोई खयाल, आपको रुला देता है। लेकिन वह खयाल था क्या? यह खोजना बिलकुल वैसा ही होता है जैसे ऑक्सफ़ोर्ड की डिक्शनरी में किसी ऐसे शब्द को ढूँढ़ना जिसके बारे में कुछ भी नहीं पता। ये भी नहीं कि उसमें कितने अक्षर हैं। बस फिर भी ढूँढ़ना है ताकि आपको तसल्ली मिल सके कि हाँ, इसी की वजह से तो रोना आया था। थक-हारकर आप अपने खयालों की डिक्शनरी बन्द कर देते हैं, क्योंकि आपको वो खयाल कैसे मिलेगा जो है ही नहीं। तो फिर क्या है ये? क्यों आ रहा है ऐसे अचानक बेबात रोना?

आप अपने आप से सवाल करते हैं, जैसे, क्या मैं इस प्रेग्नेंसी से खुश नहीं हूँ? नहीं मैं बेहद, बेइन्तहाँ खुश हूँ? बल्कि मैं तो सातवें आसमान के भी ऊपर उड़ रही हूँ। फिर क्या मेरे पति से मुझे कोई शिकायत है? नहीं वे भी पिता बनने के इस दौर में पूरी तरह मेरे साथ हैं। क्या मैं उसके भविष्य को लेकर चिंतित हूँ? पता नहीं...अगर हूँ भी तो ये बहुत सामान्य सी बात है। अपने बच्चे के भविष्य के बारे में सोचना रोने की वजह तो नहीं...तो फिर क्या..? उफ़ कितना कठिन है ये पता लगाना। है न?

~

अगर प्रेग्नेंसी के दौरान आपको रोने या गुस्सा करने के दौरे पड़ने लगे हैं तो इस अचानक से पैदा हुई आफ़त के लिए आप सबसे पहले अपने हार्मोन्स को ही ज़िम्मेदार ठहराइए। क्योंकि वही हैं जो बदलते रहने के चक्कर में आपको तंग करते हैं। प्रोजेस्टेरॉन, एस्ट्रोजेन और रिलैक्सिन जैसे हार्मोन जिन्होंने अपने लेवल को बदल-बदलकर आपके शरीर के अन्दर हड़कंप मचाया हुआ है सबसे बड़े गुनेहगार हैं, आपके इस डिप्रेशन के। ये दूसरी तिमाही में परेशान करना शुरू करते हैं और तीसरी तिमाही के आते तक तो जीना दुश्वार कर देते हैं। रिसर्च करने वालों का मानना है कि लगभग 23 प्रतिशत महिलाएँ प्रेग्नेंसी डिप्रेशन से गुज़रती हैं। जिनमें से अधिकतर शर्म या झिझक की वजह से इस डिप्रेशन का इलाज नहीं करातीं। इलाज से मतलब यही नहीं है कि आप

दवाइयाँ ही खाएँ। और भी कई तरीके हैं ग़ालिब गम मिटाने के।

वैसे कारण में पूरी तरह हार्मोन को ही ज़िम्मेदार ठहराना ठीक नहीं है। कुछ बाहरी कारण भी हैं जो इसमें अपना रोल प्ले करते हैं मसलन 'प्रेग्नेंसी ग्लो' जैसे मिथ। प्रेग्नेंसी ग्लो मतलब कि प्रेग्नेंसी के दौरान लड़कियाँ बेहद खूबसूरत हो जाती हैं। चेहरा दमकने लगता है। गाल लाली से भर जाते हैं वगैरह-वगैरह। यह कथन पूरा सच नहीं है। कहीं फिट बैठता है, कहीं नहीं। मेरे मामले में भी नहीं। मेरी रंगत उन दिनों पहले से गहरी हो गयी थी। शरीर स्ट्रेच मार्क्स से भर गया था। गर्दन पर कालेपन की एक परत जम गयी थी, जो रगड़ने से भी साफ़ नहीं होती, नाक फूलकर टेबल-टेनिस की बॉल हो गयी थी, गर्दन और पीठ दानों से भर गए थे और चेहरा पहचान में आना बन्द हो गया था। अब ऐसे में कई बार मुझे लगता कि मैं कितनी बदसूरत दिखने लगी हूँ। कहाँ गयीं वो प्रेग्नेंसी ग्लो की बातें। तो समझे! जिन्हें अपनी सुन्दरता से बेहद मोहब्बत हो उन्हें कुछ इस तरह के कारणों से भी डिप्रेशन हो जाता है।

कुछ को लगता है कि अब उन्हें एक परफ़ेक्ट बेटी, बहू और पत्नी का रोल अदा करने के बाद एक परफ़ेक्ट माँ का भी रोल अदा करना पड़ेगा। जिसके लिए उन्हें अपनी बची-खुची ख्वाहिशों को भी मारना होगा, क्योंकि अब नन्हे से बच्चे को छोड़कर तो आप यार-दोस्तों के साथ ट्रैकिंग पर जाने का प्लान नहीं बना सकते न। अभी तक आपने मूवी हॉल में दूसरे के रोते बच्चों पर ताने कसे, अब आपकी बारी आने वाली है। क्या करेंगे? बच्चे को घर छोड़कर मूवी देखने जायेंगे तो गिल्ट महसूस होगा और लेकर जायेंगे तो शान्ति से देख नहीं पायेंगे। इसी तरह के कई बदलाव हैं जो आपने बच्चा प्लान करते वक्त शायद न सोचे हों, पर बढ़ते बेबी बंप के साथ वे आपके दिमाग पर हावी होने लगते हैं जो डिप्रेशन का दूसरा कारण बनते हैं।

हम हिन्दुस्तानी पत्नियाँ कुछ इस वजह से भी डिप्रेशन यानी तनाव और उदासीनता की स्थिति में आ जाती हैं कि हमें पतियों से सपोर्ट की बहुत बड़ी शिकायत होती है। अभी तक उसका गीला तौलिया, गंदे मोज़े, जूठी प्लेट और उल्टी जींस ही समेटनी पड़ती थी। अब एक हाथ से बच्चे को सँभालते हुए भी ये सब करना पड़ेगा, ये सोच-सोचकर दिमाग की बैंड बजने लगती है।

ये सब ऐसे कारण हैं जिनके बारे में खुलकर कह पाना या अपने आप में भी खुलकर सोचना हमें गवारा नहीं होता। तब हमें रोना, गुस्सा करना, दुखी

रहना, लोगों से कट जाना, बिस्तर में ही घुसे रहना इकलौता उपाय लगता है, जिससे डिप्रेशन बढ़ने लगता है। इसके अलावा कुछ-एक कारण और भी हैं, जैसे यदि आपकी या आपके परिवार में किसी की डिप्रेशन हिस्ट्री रही हो। ज़िन्दगी में कुछ समस्याएँ चल रही हों। प्रेग्नेंसी के दौरान कुछ बड़ी मेडिकल प्रॉब्लम्स आयी हों। थाईराइड की समस्या हो, या आपको दिन-रात किसी तरह की पारिवारिक मानसिक यातना झेलनी पड़ रही हो। ये सभी कारण आपकी प्रेग्नेंसी डिप्रेशन का कारण हो सकते हैं।

~

सिर्फ़ कारण जानने से कुछ नहीं होगा, न ही ये सोचने से कि वक्त के साथ ये अपने आप चला जायेगा। अगर इसका समय पर इलाज नहीं किया तो यह प्री-टर्म डिलीवरी (समय से पूर्व बच्चे का जन्म होना), कम वज़न का बच्चा होना, मिसकैरिज, जेस्टेशनल डायबिटीज़ (गर्भावस्था के समय होने वाली शुरुआती डायबिटीज़ यानी शुगर), डिलीवरी के बाद डिप्रेशन जैसी बड़ी समस्याओं को जन्म दे सकता है। तो क्या करें? कैसे सॉल्व करें इसे? हम्मऽऽऽ। समस्या तो है लेकिन हल उतना मुश्किल नहीं।

सबसे पहले हमें ज़रूरत है अपनी झिझक मिटाकर इसके बारे में खुलकर बात करने की। जिसके लिए सही और परफ़ेक्ट श्रोता आपके पति से बेहतर और कोई नहीं हो सकता। आप अपने पति को पास में बिठाएँ और बताएँ कि आप आजकल किस दौर से गुज़र रही हैं। आपको बात-बात पर रोना या गुस्सा अगर आ रहा है तो उसके क्या कारण लगते हैं, आपके रोने या गुस्से को सिर्फ़ प्रेग्नेंसी चेंजेस (गर्भावस्था के दौरान होने वाले शारीरिक बदलाव) मानकर हवा में न उड़ने दें। बल्कि उनके बारे में बात करें। अपनी भावनाओं को, अपनी सोच को अपने पार्टनर के साथ बाँटें।

अगर आप हर वक्त घर घुस्सू बनकर रहें हैं तो घर से बाहर निकलें। कुछ वक्त दोस्तों या उन करीबियों के साथ बाँटें जिनके साथ समय बिताना आपको अच्छा लगता है।

जितना हो सके अपने शरीर को आराम दें। उसे बेवजह थकने मत दें। न कहना सीखें। अच्छी बहू/पत्नी बनने का ठीकरा अपने सिर पर मत फोड़ें। इससे आपको कुछ हासिल नहीं होने वाला। यदि कोई काम आपसे नहीं हो सकता, या

आपका मन उसे करने को साफ़ मना कर रहा है तो कहें। भूलें ना कि आपके मन की घुटन आपके होने वाले बच्चे पर बहुत बुरा असर डाल सकती है।

आने वाले बच्चे के लिए सारी परफ़ेक्ट तैयारियों का बोझ अभी से अपने कन्धों पर मत उठाएँ। उसके आने के बाद भी बहुत कुछ हो सकता है। अभी ज़रूरी है कि आप अपने आपको जितना शांत और खुश रख सकती हों रखें। यही सबसे पहली ज़रूरी तैयारी है।

खाने का बेहद ध्यान रखें। क्रेविंग के चक्कर में कुछ भी, कैसा भी, कभी भी खाने के पीछे न पड़ें। सोच-समझकर, ज़रूरी और अच्छा खाएँ। गोल-गप्पे, पकोड़े, समोसे, पैटीज़, पिज़्ज़ा ये सब बेशक मुँह में पानी ला देते हैं, लेकिन ज़्यादा खाया तो परेशानी भी हो सकती है।

ध्यान में बैठें। अपना एक हाथ अपने पेट यानी बच्चे के पास रखें, और दूसरा हाथ अपने दिल पर। और कुछ समय के लिए दीन-दुनिया को भुलाकर सिर्फ़ अपने बच्चे से बात करें। महसूस करें कि वो आपकी गोद में खेल रहा है। उससे जितना करीब हो सके होने की कोशिश करें। यह एक जादू की तरह काम करेगा।

व्यायाम, योगा या सैर करें। रेगुलर। (यदि आपकी मेडिकल कंडीशन इसकी इजाज़त देती हो तो। कोई भी व्यायाम शुरू करने से पहले अपने डॉक्टर से बात ज़रूर करें)

प्रेग्नेंसी योगा (गर्भावस्था के समय में किया जाने वाला विशेष योग व्यायाम) और ईवनिंग वॉक से मैंने अपने डिप्रेशन में कुछ फ़र्क महसूस किया। ऐसा नहीं था कि मेरा रोना पूरी तरह बन्द हो गया था, लेकिन धीरे-धीरे मैं खुद को कुछ हद तक सँभालने लगी थी। क्योंकि प्रेग्नेंसी डिप्रेशन बच्चे को चिड़चिड़ा और रोतलू भी बना सकता है, इसलिए मैं कतई नहीं चाहती थी कि आपका बच्चा ऐसा हो। एक हँसमुख बच्चे के लिए मैं जल्दी ही काम पर लग गयी। उसके कपड़े-लत्ते-स्कूल की चिन्ता छोड़कर।

जवानी में बूढ़ी होती याददाश्त

ये कोई उम्र नहीं है भूल जाने की। बुढ़ापे में भूलने की बीमारी अक्सर सुनने में आती है, लेकिन जब वही जवानी में होने लगे तो खीज होती है। मगर, आप असहाय होते हैं क्योंकि यह भी गर्भावस्था के दौरान होने वाला एक परिवर्तन है।

वो पहली बार नहीं हुआ था जब मैंने सुबह की टेबलेट दोपहर में दोबारा लगभग खा ही ली थी। मुँह में रखते ही टेबलेट का स्वाद कुछ जाना-पहचाना लगा तो तुरन्त मुँह से निकालकर फेंकी। तब मैं सुबह-दोपहर-शाम विटामिन्स की टेबलेट ले रही थी। जो प्रेग्नेंसी में डॉक्टर्स देते हैं। मुझे टेबलेट्स उनके नाम के साथ कब खानी है ये याद हो चुका था। लेकिन उस दिन जब ये गड़बड़ हुई तो मैंने सारी टेबलेट्स चेक कीं। तब पता चला कि मैंने कई बार अपनी दवाई मिस की थी। मैं वाकई दवाई खाने के आधा घंटे बाद भूल जाती थी कि मैंने दवाई खाई या नहीं। बहुत घाल-मेल और असमंजस वाली स्थिति थी। नुकसानदायक भी। नुकसान अगर सोचूँ तो बस इतना ही नहीं था, कई बार दिनभर चाय में चीनी नदारद रहती थी, तो कई बार रसोई की बत्तियाँ दिन में भी जला लेती थी। खाने में नमक कभी होता नहीं था कभी बहुत ज्यादा हो जाता था। मैं चाय और खाने का स्वाद और न बिगाड़ूँ इसके लिए पति ने एक चार्ट बनाया। टेबलेट खाने के बाद चार्ट में टिक-मार्क करने को कहा। ताकि चीजें याद रहें। लेकिन समस्या बस इतनी नहीं थी। कमरे में घुसती थी, लेकिन क्यों याद नहीं। चाय में कुछ ही मिनिट पहले चीनी डाली है या नहीं, याद नहीं। गैस पर दूध रखकर भूल जाना और तब तक याद नहीं आना जब तक उसके जलने की बदबू न आये। किसी ने कोई काम दिया है, लेकिन मैं नहीं कर पाई, क्योंकि मुझे याद ही नहीं रहा। ये अचानक होने वाला बदलाव

बहुत दुखदाई होता जा रहा था। पहले तो मैं कभी कुछ नहीं भूलती थी। मेरी याददाश्त कमज़ोर तो नहीं थी। बुढ़ापा भी दूर था। तो फिर ये सब क्या हो रहा था, क्यों हो रहा था?

मैं शायद अपनी इस समस्या को अनदेखा ही कर देती। अगर मेरे प्रेग्नेंसी एप में 'प्रेग्नेंसी ब्रेन' के बारे में न आया होता। तब मुझे समझ आया कि जिसे मैं अचानक हुआ बदलाव और रोग-बीमारी समझ रही थी, असल में वो भी प्रेग्नेंसी के दूसरे सिम्पटम्स की तरह ही एक था। जिसे मैं और मेरी तरह कई दूसरी लड़कियाँ अनदेखा कर देती हैं। दिन-रात उससे जूझती हैं, इरिटेट होती हैं, लेकिन ये प्रेग्नेंसी की वजह से हो रहा है, इसे मानना और दूसरों को ये समझा पाना कि आप भूलने का बहाना नहीं कर रहे हो। वाकई आपके साथ ऐसा हो रहा है, थोड़ा मुश्किल है।

कभी-कभी लगता है जैसे आपके अन्दर पनप रही आपकी नन्ही सी जान ने कहीं आपका दिमाग तो नहीं चुरा लिया? या कहीं आपके दिमाग में कोहरा-सा जम गया है, जिससे सब कुछ धुंधला गया है। असल में ये है क्या?

कुछ शोधकर्ताओं की मानें तो प्रेग्नेंसी के दौरान महिलाओं के दिमाग में 'gray-matter' (हमारे नर्वस सिस्टम का एक बहुत ज़रूरी घटक) की भारी कमी आ जाती है। इस दौरान महिला का दिमाग कुछ खास जगहों से सिकुड़ता है। दिमाग के स्ट्रक्चर में होने वाले ये बदलाव खासकर उन जगहों पर होते हैं जो मनुष्य की समझने की शक्ति, दूसरों के रवैये, एक्शन और फ़ीलिंग्स को मैनेज करने का काम करते हैं। मतलब कुछ ऐसी गड़बड़ी आ जाती है प्रेग्नेंसी के दौरान कि न वो बेचारी खुद को समझ सकती है न किसी और को। ऐसे में भगवान् ही मालिक हैं। शोधकर्ताओं का ये भी कहना है कि इस गड़बड़ी को ठीक होने में डिलीवरी के बाद भी तकरीबन दो साल का समय लगता है।

स्पेन के कुछ न्यूरो-वैज्ञानिकों ने तो प्रेग्नेंसी और डिलीवरी के बाद, दोनों समय के दिमाग का फ़ोटो खींचकर देखा, ये जानने के लिए कि बदलाव कब, कैसे और कहाँ होते हैं। उन्हें जो बदलाव दिखे उनके हिसाब से प्रेग्नेंट महिला के दिमाग में हार्मोन्स का तूफ़ान आया हुआ था। एस्ट्रोजेन, प्रोजेस्टेरॉन, टेस्टोस्टेरॉन और दूसरे सेक्स हार्मोन्स ने दिमाग में जो रोलर-कोस्टर चलाया हुआ था, उससे महिला के दिमाग का ढाँचा ही बदल गया था। अब बताओ ऐसे में बेचारी क्या करे?

डॉक्टर्स इस समस्या को 'प्रेग्नेंसी ब्रेन' या 'Momnesia' भी कहते हैं। जो सबसे ज्यादा पहली और तीसरी तिमाही में सामने आती है।

~

मेडिकल बातों को एक तरफ़ करके अगर सामान्य भाषा में समझें तो सीधी सी बात बस इतनी है—प्रेग्नेंसी के दौरान महिला का शरीर किसी भी दूसरे समय की अपेक्षा सबसे ज्यादा मेहनत कर रहा होता है। तीसरी तिमाही आते-आते सोने में भी समस्या होने लगती है। किस अवस्था में सोया जाये। रात को बार-बार बाथरूम के लिए उठने की वजह से नींद भी ठीक से पूरी नहीं होती। तो बताओ भला ऐसे में कैसे किसी का दिमाग काम करेगा। आप भी अगर दो-चार दिन ढंग से नहीं सो पाओगे तो आपका दिमाग भी चकरा जायेगा। फिर यहाँ तो बेचारी रोज़ ही ठीक से नहीं सो पा रही है। प्रेग्नेंसी में होने वाले दुनियाभर के दूसरे सिम्पटम्स ने उसका जीना वैसे ही बेहाल किया हुआ है।

अब ऐसे में अगर उसने दूध जला भी दिया या दो-चार काम भूल भी गयी तो कोई बात नहीं। आप समझदार हैं। समझ जाइए और उसका सहयोग कीजिये। 'कोई बात नहीं, हो जाता है' कहना सीखिए, ताकि उसकी परेशानियों में कुछ कमी आये। और वो खुद को भूलने की बीमारी का शिकार न माने।

प्रेग्नेंसी की समस्या कोई भी हो, सबसे पहला और बड़ा हल है, परिवार का पूरा और खुले-दिल से सहयोग। प्रेग्नेंसी के दौरान आपकी बहू, बीवी, भाभी, बेटी का बदलता बर्ताव हो सकता है कि आपकी अपेक्षाओं से बहुत अलग हो। लेकिन उसे समय दें, उसे समझें और समझाएँ। आपके सहयोग से न सिर्फ़ उसकी प्रेग्नेंसी आसान बनेगी बल्कि आपके घर में आने वाला मेहमान भी हँसता-खिलखिलाता पैदा होगा।

और आप, जो प्रेग्नेंट हैं, उन्हें कुछ बातें बता रही हूँ...अगर आपको भी भूलने की बीमारी लग गयी है तो 'चिन्ता की कौनहू बात ना है' ये बीमारी बहुत ही सामान्य है, और प्रेग्नेंसी के दौरान ज्यादातर महिलाओं को हो जाती है। कुछ आसान से उपाय हैं, जो कुछ हद तक ऐसे में मदद कर सकते हैं—

- सबसे पहले तो एक लम्बी गहरी साँस लें और शान्ति से सोचें कि क्या भूले हैं। अगर तब भी याद नहीं आ रहा तो परेशान न हों। जब

आना होगा तब अपने आप याद आ जायेगा।

- दूसरा, अपनी नींद के साथ कोई भी खिलवाड़ न करें। नींद बहुत ज़रूरी है, तभी आपका दिमाग ठीक से काम कर पायेगा।

- ज़रूरी चीज़ों जैसे, डॉक्टर के अपॉइंटमेंट, दवाई आदि के लिए अलार्म लगाएँ या कमरे में चार्ट लगा लें।

- उतनी ही चीज़ों को याद रखने की कोशिश करें जितनी ज़रूरी हों। सब कुछ याद करने के चक्कर में बहुत कुछ भूल जाते हैं।

- सबसे ज़रूरी, खुलकर हँसें, खुश रहें और हैवी (गरिष्ठ) खाना खाने की जगह, हल्का खाएँ। थोड़ा-थोड़ा खाएँ, अपने खाने में लिक्विड की मात्रा को ज़्यादा रखें।

प्रेग्नेंसी हनीमून

जिस बच्चे को आप अब तक सिर्फ़ अल्ट्रासाउंड की मशीन पर देखते आए हों, वह अचानक आपके भीतर हलचल करने लगे तो कैसा लगेगा ? दूसरी तिमाही बच्चे की हलचल के साथ, अपने साथी का साथ पाने की बंदिश भी हटाती है।

माँ बनने की खबर पूरे घर को खुशियों से भर देती है। कभी-कभी माँ बन रही लड़की को भी यह यकीन कर पाना मुश्किल लगता है कि वह वाकई दुनिया का सबसे अजूबा काम कर रही है। आपके अन्दर एक नहीं बल्कि दो दिल धड़क रहे हैं। ऐसा एहसास होते ही शरीर रोमांचित हो उठता है। लेकिन इन सारी खुशियों के अलावा प्रेग्नेंसी की पहली तिमाही 70 प्रतिशत से भी अधिक महिलाओं के लिए बहुत कठिन दौर होती है। शुरू के तीन महीने बहुत मुश्किल से कटते हैं। तब लगता है कि जब तीन महीने इतने कठिन हैं तो नौ महीने कैसे कटेंगे ?

यह सवाल अन्दर से डरा देता है। सुबह आने वाले चक्कर, जान निकाल देने वाली उल्टियाँ, बदलता मूड, तेज़ होती नाक, सीने में होने वाला दर्द, ये तो कुछ कॉमन सी बातें हैं लेकिन इनके अलावा भी कई महिलाएँ कई अलग-अलग तरह की तकलीफ़ों से गुज़रती हैं। मैं भी गुज़री थी। ''शुरू के तीन महीने प्रेग्नेंसी के लिए सबसे ज़्यादा रिस्की होते हैं, अभी तुम किसी को मत बताना।'' ये बात हम आमतौर पर सुनते भी हैं। मुझसे मेरी डॉक्टर ने भी यह बात कही थी। किसी मिथ के चलते नहीं बल्कि पहली तिमाही की मुश्किलात को देखते हुए। पहली तिमाही में पेट भी नहीं बढ़ता इसलिए यह बात आसानी से छुपाई भी जा सकती है। वह पहली तिमाही ही होती है जब प्रेग्नेंसी अबोर्ट होने के सबसे ज़्यादा चांसेस होते हैं। एक बार शुरू के तीन महीने बीतने के

बाद दूसरी तिमाही लगते ही शुरू होता है प्रेग्नेंसी का हनीमून पीरियड।

मेरे लिए ये सो-कॉल्ड हनीमून कहलाने वाला पीरियड उतना भी आसान नहीं था। एक तो डॉक्टर की तरफ़ से हिदायत थी कि मुझे पाँच महीने तक विशेष ध्यान रखना है। दूसरा क्रिटिकल प्रेग्नेंसी रहने की वजह से मैं कहीं भी घूमने-फिरने नहीं जा सकती थी। घर की चारदीवारी में रहकर मैं उकता गयी थी, मन डूबने लगता था, लेकिन कर कुछ नहीं सकती थी। प्रेग्नेंसी की सामान्य परेशानियों के साथ-साथ जो मुश्किल बढ़ी वो यह कि बाथरूम के चक्कर बढ़ गए। मुझे प्यास भी ज्यादा लगती थी इसलिए बाथरूम के चक्कर भी ज्यादा लगाने पड़ते थे। पति कहने लगे कि ''तुम बाथरूम में ही रहने लगो।'' कई बार पंद्रह मिनट तक भी लघुशंका से छुटकारा न मिलता। बूँद-बूँद टपकते नल की तरह वह आती। ज़ोर लगा नहीं सकती थी। मैं ऐसी दयनीय स्थिति में पहुँच चुकी थी जिसका कोई हल नहीं था। कहीं आना-जाना हो तो पानी त्यागना पड़ता, वरना बाथरूम कहाँ ढूँढती फिरूँगी। सुकून था तो बस इतना कि पेट का उभार दिखने लगा था। रोज़ नहाने के बाद आईने में निर्वस्त्र अपने पेट को देखना और छूकर एहसास करना कि कोई भीतर से मुझे भी देख रहा होगा, मन को तसल्ली देने के लिए काफ़ी है। यानी मुश्किल वक्त लेकिन हसीन भी।

ख़ैर, जैसे सभी अपने हनीमून पर स्विट्ज़रलैंड नहीं जा पाते, वैसे ही प्रेग्नेंसी की दूसरी तिमाही भी सभी के लिए आसान हो यह ज़रूरी नहीं है। लेकिन डॉक्टर्स के मुताबिक 60 से 70 प्रतिशत केसेस में पहली तिमाही का मुश्किल दौर दूसरी तिमाही तक आते-आते आसान हो जाता है। जैसे उल्टियाँ होना कम या बन्द हो जाती हैं। स्मैल सेन्स भी कण्ट्रोल होने लगता है। मोर्निंग सिकनेस भी लगभग गायब हो जाती है। और छातियों की ऐंठन भी चली जाती है।

ऐसा नहीं है कि दूसरी तिमाही में ये सब मुश्किलें कम हो जाती हैं तो दूसरी मुश्किलें नहीं आतीं या शारीरिक बदलाव नहीं होते। होते हैं पर वे अमूमन पहली तिमाही से कम मुश्किल होते हैं। थकान, बार-बार बाथरूम जाना, कब्ज़, छाती में जलन, कभी-कभी सिर दर्द होना, भूलने लगना, लेकिन जब तीन महीने बाद शरीर में थोड़ी अधिक ऊर्जा महसूस होने लगे, बेबी-बंप की हल्की सी झलक दिखने लगे तो बाकी मुश्किलें आसान हो जाती हैं।

वैसे दो विशेष कारणों से भी दूसरी तिमाही को हनीमून पीरियड कहा जाता है...पहला कि दूसरी तिमाही में ही बन रही माँ पहली बार अपने बच्चे

की हलचल महसूस करती है। मैंने जब यह हलचल महसूस की तो जैसे वो लम्हा वक्त ने सुनहरे पलों में हमेशा के लिए कैद कर दिया।

वो सर्दियों की एक दोपहर थी। हल्के बादल सूरज के साथ लुका-छुपी खेल रहे थे। मौसम में ठंडक स्वेटर और टोपे के बाद भी कभी-कभी सिहरन पैदा करती थी। गार्डन में लगे गुलाब मौसम और माहौल को और भी खूबसूरत बना रहे थे। मैं कुर्सी पर बैठी थी। तब मेरी प्रेग्नेंसी का पाँचवाँ महीना चल रहा था। एक हाथ पेट पर था, और दूसरे हाथ में एक किताब।

मैं चाणक्य की किसी चाल में खोई हुई थी जब पहली बार पेट के अन्दर से किसी ने खटखटाया। पहली आहट पर लगा शायद गैस हो रही है, या फिर सुबह जीभ के लोभ में जो चटपटा खाया है उसकी वजह से जलन हो रही है। लेकिन जब थोड़ी देर बाद दोबारा, फिर तिबारा खटखटाहट हुई तो यकीन हुआ ये कोई गैस नहीं, बल्कि मेरा बच्चा अन्दर हलचल कर रहा है।

इस घटना के कुछ दिन पहले एक-दो बार ऐसा महसूस हुआ था, तब जानकारी हासिल करने की कोशिश की थी कि कैसा लगता है, क्या होता है जब बच्चा पहली बार मूवमेंट करता है। पता चला था कि गैस के बबल जैसा महसूस होता है। कई बार गैस के बबल को ही लोग मूवमेंट समझ लेते हैं। पहली बार माँ बन रही थी, इसलिए इन अनुभवों के बारे में पढ़कर या वीडियो देखकर ही जान सकती थी।

उस दिन दो-तीन बार हलचल हुई तब यकीन हुआ कि वो वाकई गैस या कोई अन्य पेट सम्बन्धी समस्या नहीं बल्कि मेरा बच्चा है जो मुझसे बातें करने की कोशिश कर रहा है। वो पहला अनुभव उतना ही रोमांचकारी था जितना कई सौ फुट के झूले से नीचे उतरते वक्त पेट में कुछ लगता है। कुछ-कुछ गूजबम्प्स जैसा या शायद उससे भी ज्यादा। यह पहली मोहब्बत जैसा था। पहली बारिश की भीनी सुगंध सा, धूप की पहली किरण सा, या घंटों प्यासे रहने के बाद गले को तर करने वाली पहली बूँद सा। मैं शायद सब कुछ लिखकर भी उस अनुभव को पूरी तरह नहीं लिख पाऊँगी। हाँ, बस यह था कि उस दिन उस वक्त के बाद मेरा सारा ध्यान पेट पर अटका रहता था। मैं उसकी हलचल का कोई भी मौका मिस नहीं करना चाहती थी।

जब मैंने अपने पति को इस बारे में बताया तो उन्हें यकीन नहीं हुआ। बहुत देर तक वो मेरे पेट पर हाथ रखकर उसे महसूस करने की कोशिश करते रहे।

लेकिन अभी उन तक उनके बच्चे की आवाज़ पहुँचने में शायद थोड़ी देरी थी।

उसके बाद मैं बस हर वक्त अपने अन्दर होने वाली हलचल का इंतज़ार करती रहती। मेरा एक हाथ बार-बार पेट पर जाता कि कहीं से कोई आहट मिल जाये, लेकिन शुरू में बच्चा उतनी तेज़ और ज्यादा हरकतें नहीं करता है। हफ़्ते बढ़ने के साथ-साथ उसकी हरकतें बढ़ीं और फिर वह दिन भी आया जब न सिर्फ़ मैं बल्कि मेरे पेट पर हाथ-रखकर मेरे पति भी अपने बच्चे को महसूस कर सकते थे। पहली बार बन रहे माँ-बाप के लिए वह लम्हा किसी अजूबे या जादू से कम नहीं होता। दूसरी तिमाही में ही बच्चे की सुनने की क्षमता विकसित होती है। जिससे आप उसे बेहतरीन गाने या बातें करके भी महसूस कर सकते हैं। अब मेरे पास अकेले में भी बात करने के लिए हमेशा एक साथी था।

~

दूसरी तिमाही को हनीमून पीरियड कहने का दूसरा कारण है कि पति-पत्नी अपने दाम्पत्य जीवन यानी सेक्स लाइफ़ में वापस लौट सकते हैं। लेकिन यह पूरी तरह आपकी मेडिकल सिचुएशन पर डिपेंड करता है। जिनकी प्रेग्नेंसी पूरी तरह से सामान्य और बिना किसी कॉम्प्लिकेशन के तीन महीने बिता चुकी है उनके लिए सेक्स लाइफ़ में वापस लौटना मुमकिन होता है और जो मुश्किल समय से गुज़रे हैं उनके लिए डॉक्टर्स पूरे नौ महीने ब्रह्मचर्य पालन करने की सलाह देते हैं। सामान्य स्थिति में शुरू के तीन और आखिरी के दो महीने सेक्स के लिए पूरी तरह से मनाही होती है और असामान्य स्थिति में जैसा डॉक्टर कह दे।

हालाँकि दूसरी तिमाही में कुछ ज़रूरी सावधानियों का ध्यान भी रखना पड़ता है। जैसे आपके सोने की सिचुएशन बदलती है। बेहतर होगा कि आप पीठ के बल नहीं बल्कि अपनी बाईं करवट से सोना शुरू कर दें। जो आपके बच्चे तक अच्छे से खून का संचार बनाए रखता है। अगर आपने व्यायाम शुरू किया है तो बिना डॉक्टर की सलाह के शुरू न करें। इसके अलावा गर्मी लगना, सिर चकराना, पीठ का दर्द, आपकी त्वचा में आने वाला परिवर्तन, आपका बढ़ता वज़न, ज्यादा भूख लगना, स्ट्रेच मार्क्स दिखना, ठीक से नींद न आ पाना, पैरों में ऐंठन, हाथ में दर्द आदि-आदि। ये सब दूसरी तिमाही से चिपके भले रहेंगे लेकिन यकीन मानिये, जब किसी लम्हे में अन्दर से आपका बच्चा अपना हाथ या पैर चलाकर आपको अपने होने का एहसास दिलाएगा तो दूसरी तिमाही की छोटी-छोटी समस्याएँ अपने आप फीकी पड़ जायेंगी।

वो बातें जो डॉक्टर भी नहीं बताते

प्रेग्नेंसी के दौरान सेक्स वर्जित माना जाता है। कई धर्मों में तो इसे पाप भी कहते हैं, लेकिन क्या यह सही है? शारीरिक इच्छाएँ हार्मोन पर आधारित होती हैं जिनको ज़बरदस्ती रोकने से बेहतर है उन्हें समझना और फिर तय करना कि सही और गलत क्या है।

बात तकरीबन 6 साल पुरानी है। ऑफ़िस में साथ काम करने वाली एक दोस्त को किसी ऑफ़िस सीनियर ने मोलेस्ट किया। वो उसके साथ शारीरिक सम्बन्ध बनाना चाहता था। सिर्फ़ उतने वक्त के लिए जितने वक्त उसकी वाइफ़ प्रेग्नेंट थी। उस आदमी के हिसाब से वो अपनी बीवी से बहुत प्यार करता था। किसी और लड़की को अपनी ज़िन्दगी में लाकर अपनी बीवी और होने वाले बच्चे को धोखा नहीं देना चाहता था। लेकिन... लेकिन उसे अपनी शारीरिक ज़रूरत कहूँ या हवस पर इतना कण्ट्रोल नहीं था कि वो नौ महीने बिना सम्भोग के रह सके। इसके लिए वो किसी साथी की तलाश में था। क्योंकि किसी प्रोस्टीट्यूट के साथ सम्बन्ध बनाना उसे 'घटिया' लगता था।

कुछ साल पहले अपनी मैगज़ीन के किसी आर्टिकल के लिए मैं एक सेक्स वर्कर से मिली थी। कई सारे सवालों में उससे मेरा एक सवाल ये भी था कि ''तुम्हारे पास किस तरह के आदमी आते हैं।'' जिसके जवाब में उसने बिना समय लिए कहा था, ''जिसकी बीवी घर में पेट से होती है वो ज्यादा मचलता है।''

ऐसा क्यों होता है? क्यों प्रेग्नेंसी में सेक्स वर्जित हो जाता है? क्या इसके पीछे कोई तथ्य है या फिर सिर्फ़ मान्यता...

प्रेग्नेंसी के दौरान अगर डॉक्टर ने आपको मना नहीं किया है, और आपकी प्रेग्नेंसी और आपका बच्चा पूरी तरह से स्वस्थ और नॉर्मल है तो आपको शारीरिक

सम्बन्ध बनाने में कोई दिक्कत नहीं है। बस प्रेग्नेंसी के दौरान कुछ ज़रूरी बातों का ध्यान रखना होता है जो आप अपने डॉक्टर से खुलकर बात करके समझ सकते हैं। डॉक्टर के साथ-साथ अपने साथी से बात करना भी ज़रूरी है।

नीता के केस में जो हुआ वो कम्युनिकेशन गैप के कारण ही हुआ। नीता और मयंक की शादी के तीन साल बाद नीता प्रेग्नेंट हुई। नीता दो मिसकैरेज के बाद प्रेग्नेंट हुई थी। इस बार कोई परेशानी न आये इसलिए दोनों बहुत सँभलकर चल रहे थे। डॉक्टर ने भी सेक्स लाइफ़ पर कुछ महीनों के लिए विराम लगाने को कहा था। दोनों ने भी ब्रह्मचर्य से रहने में ही भलाई समझी। हालाँकि ऐसा नहीं था कि नीता को सेक्स-क्रेविंग नहीं होती थी, या उसके पति नहीं चाहते थे। दोनों चाहते थे लेकिन अपने बच्चे की खातिर दोनों अपनी भावनाओं पर काबू रखते थे। सब कुछ जानते-समझते हुए भी मयंक के अन्दर ये चाहत चिड़चिड़ाहट पैदा करने लगी। वक्त के साथ उनके बीच की मोह की दीवार पर धूल जमने लगी। नीता पहले ही अपनी प्रेग्नेंसी में आयी शारीरिक परेशानियों से परेशान थी इसलिए मयंक पर ज्यादा ध्यान भी नहीं दे पाती थी। फिर बच्चा हुआ। ऑपरेशन से। शुरुआती कठिन महीने ऐसे बीते कि दोनों पति-पत्नी अपने या अपने रिश्ते के बारे में वक्त निकाल ही नहीं पाते। कई बार यदि करीब आने की चाहत पैदा हुई भी तो झिझक ने, वो क्या सोचेगा जैसे ख़यालों ने उन्हें पास नहीं आने दिया। धीरे-धीरे खीज बढ़ने लगीं, बातचीत कम और संवाद लड़ाई में बदलने लगे। दूरी बढ़ने लगी। वे दोनों साथ होना चाहते थे, लेकिन बीते दो सालों में उनके बीच जो दूरी बनी, उसे भरने में कौन पहल करे, क्या बोलें, क्या न बोलें वाली स्थिति बनी रहती है।

नीता ने मुझे जब ये मेल लिखा, तब मैंने उसे खुलकर सोचने को कहा। कहा कि सेक्स के बारे में बात करना वो भी अपने पति से गलत नहीं है। कोई गुनाह नहीं है। ये भी भावनाएँ हैं जिनके बारे में बात की जा सकती है। तुम औरत हो। तुम्हें शर्म दिखानी है। पति क्या सोचेगा? इन ख़यालों से इतर खुलकर बात करने की सलाह दी। रिश्ते में दूरियाँ हों इससे बेहतर है कि सच्चे ख़यालों को खुलकर जता दिया जाये।

पिता हो या बनने वाली माँ दोनों यही चाहते हैं कि होने वाले बच्चे को कोई तकलीफ़ न हो। इसलिए प्रेग्नेंसी के दौरान सम्भोग से परहेज़ रखा जाता है। स्त्री तो किसी विशेष अवस्था में होती है, लेकिन क्योंकि पुरुष के साथ

कोई शारीरिक परिवर्तन नहीं होता इसलिए उन्हें इस परहेज़ से थोड़ी दिक्कत होने लगती है। ऐसे में कुछ पुरुष भटक भी जाते हैं।

हालाँकि सभी पुरुष प्रेग्नेंसी में अपनी पत्नियों से चीटिंग करते हैं, यह कहना सरासर नाइंसाफ़ी होगी। कुछ की वजह से सबको दोष देना गलत है। लेकिन कुछ केसेस इस दौरान ऐसे भी जानने में आये जिनमें पुरुष धोखेबाज़ नहीं बल्कि चिड़चिड़ा हो जाता है। वो खुलकर कह नहीं पाता जैसा नीता और मयंक के साथ हुआ, लेकिन इसमें उनसे ज़्यादा दोष समाज का है। हमारे समाज का ढाँचा ही ऐसा है कि कई बार हमारे सागने ये बातें नहीं आ पातीं। तब आपसी सम्बन्ध बिना किसी कारण के बिगड़ने लगते हैं। तब पत्नियों को लगता है कि शायद उनका पति बच्चे के लिए तैयार नहीं था, या शायद आजकल ज़्यादा लोड है, या शायद आप ही कुछ ऐसा कर देती हैं कि वो परेशान सा रहता है।

इस तरह के मामलों में जो आपसी रिश्तों के बिगड़ने की समस्या आती है उनसे कुछ बातें हैं कहने को—अगर प्रेग्नेंसी में किसी कॉम्प्लिकेशन की वजह से डॉक्टर ने आपको नौ महीने तक सम्बन्ध बनाने को मना किया भी है तो ऐसे में आप अकेले नहीं हैं जिसे सम्बन्ध बनाने का मन हो रहा है और न हो पाने की वजह से मन चिड़चिड़ा हो रहा है। एक खास बात यह भी है कि प्रेग्नेंसी के कई दूसरे सिम्पटम्स की तरह कई महिलाओं को 'हाई सेक्स ड्राइव' वाली फ़ीलिंग भी होती है। इसमें छि:-छि: करने वाली कोई बात नहीं है, और न ही उस महिला को शेम की नज़र से देखने की ज़रूरत है। जैसे शरीर में होने वाले हार्मोन्स दूसरे परिवर्तन करते हैं ठीक वैसे ही ये परिवर्तन भी होता है।

विशेष बात यह है कि एक ही महिला की दो प्रेग्नेंसी अलग-अलग हो सकती हैं। मतलब एक प्रेग्नेंसी में जहाँ उसका मन शारीरिक सम्बन्ध बनाने के लिए बहुत उत्सुक रहता था, वहीं दूसरी प्रेग्नेंसी में वो आपको हाथ भी न लगाने दे, ऐसा सम्भव है।

हमारे शरीर की बायोलॉजी तो यह भी कहती है कि प्रेग्नेंसी के दौरान महिलाओं को कामुकता भरे सपने भी आते हैं और वे उत्तेजित महसूस करती हैं। अब ऐसे में अधिकांशतः मारे शरम के वो अपनी भावनाओं को अपने पति के सामने भी व्यक्त नहीं कर पातीं। किसी और से कहना तो बहुत दूर की बात है।

~

प्रेग्नेंसी के दौरान गर्भवती महिलाओं में आने वाला ये बदलाव, एक ऐसा चैप्टर है जिसे बनने वाली माँ की माँ, सास या कोई भी टीचर नहीं पढ़ाता। कारण सिर्फ़ यह कि 'सेक्स' हमारे समाज में अब भी टैबू है, निंदनीय है। किसी लड़की को सम्भोग की इच्छा हो रही है, यह कामुकता भरा ख़याल, शारीरिक ज़रूरत नहीं बल्कि निंदनीय समझा जाता है और निंदनीय कार्य करने के बारे में कोई खुलकर तो कहेगा नहीं ना। नतीजतन इसकी वजह से होने वाले सारे बदलाव, और इमोशनल उथल-पुथल को महिला अकेले ही झेलती है।

डॉक्टर्स के हिसाब से महिलाओं में होने वाले इस बदलाव के चार मुख्य कारण हैं—

पहला, हार्मोन्स में होने वाले परिवर्तन,

दूसरा, छाती का अधिक संवेदनशील होना, और खून-संचार में वृद्धि,

तीसरा, लीबीदो (यौन क्षमता) का बढ़ना,

चौथा, डॉक्टर्स मानते हैं कि प्रेग्नेंसी के दौरान महिलाएँ भावनात्मक रूप से ज्यादा फ्री महसूस करती हैं।

तो मूलत: बात का सार यही है कि प्रेग्नेंसी के दौरान होने वाले इस बदलाव को भी जानें और समझें कि बाकी बदलावों की तरह यह क्यों हो रहे हैं। इनके बारे में बात करें। अपने साथी से, अपने डॉक्टर से। और अगर कहीं कोई समस्या आ रही है तो उसका समाधान ढूँढें। बजाय अपने साथी को धोखा देने, चिड़चिड़ाने या साथी की भावनाओं के प्रति गलत सोचने के आप इस तरह की समस्याओं के हल भी निकाल सकते हैं।

कुछ लड़कियाँ यह भी सोचती हैं कि यदि वे प्रेग्नेंसी में शारीरिक सम्बन्ध बनाएँगी तो बच्चा क्या सोचेगा? इसका जवाब है कि वो कुछ नहीं सोचेगा? ठीक जैसे आप लघुशंका और दीर्घशंका करती हैं, तब आपके बच्चे को पता नहीं चलता वैसे ही सम्भोग के समय भी बच्चे को कुछ पता नहीं चलता। तो अब अपनी भावनाओं को समझें और उसके हिसाब से अपने मन को समझें और समझाएँ।

पहला बच्चा 30 से पहले

कहते हैं हर काम के लिए एक सही समय होता है, 30 से पहले एक बच्चे की अवधारणा को विज्ञान के युग में कुछ-कुछ वैसा ही माना जाएगा, परन्तु यही अन्तिम सत्य नहीं।

आज से कुछ साल पहले मेरी एक बहुत करीबी मित्र जो असल में मेरी माँ की उम्र की हैं, ने कहा था कि ''शादी करने में देर मत करना, अगर तुम चाहती हो कि तुम भी कभी माँ बनो तो 30 से पहले एक बच्चा कर लेना।'' उस दिन मैंने उनकी बात हँसकर टाल दी थी।

स्कूल के समय की मेरी एक दोस्त जो अपने कॅरियर को लेकर काफ़ी पज़ेसिव थी, ज़िन्दगी में कुछ करना चाहती थी, ने शादी के एक साल में ही बच्चा प्लान कर लिया। जब मैंने उससे पूछा कि तुम तो शादी के बाद 4-5 साल बच्चा नहीं करना चाहती थीं। तो उसने जवाब में कहा कि मेरे पीरियड्स रेगुलर नहीं थे। इसलिए डॉक्टर ने सलाह दी कि मैं 30 से पहले एक बच्चा कर लूँ, क्योंकि मेरे जैसे कुछ मामलों में पीरियड्स कभी भी चले जाते हैं, हमेशा के लिए। पीरियड्स गए मतलब फ़र्टिलिटी की क्षमता गयी। वो उस वक्त अपने 28वें साल में थी। उसे अपनी ज़िन्दगी में दो बच्चे चाहिए थे, इसलिए उसने शादी के तुरन्त बाद एक बच्चा प्लान किया और अपने कॅरियर को ब्रेक दिया।

एक और दोस्त जो पिछले साल एक प्यारे से बेटे की माँ बनी, ने भी कुछ ऐसा ही एक्सपीरियंस बताया—

''मेरी प्रेग्नेंसी तो पूरी तरह सरप्राइज़ थी। उस वक्त हमारी कोई प्लानिंग नहीं थी। मैं एहतियात के लिए दवाइयाँ भी ले रही थी। सब कुछ बिलकुल

हमारी प्लानिंग के हिसाब से चल रहा था। नवम्बर माह समाप्त होने को था। मैं और मेरे पति हमारे फ़ेवरेट म्यूज़िक फ़ेस्टिवल NH7 का इंतज़ार कर रहे थे। मेरी तबियत कुछ गड़बड़ सी रहने लगी, लेकिन फिर भी मैं फ़ेस्ट में गयी। हम वहाँ जम के नाचे और ड्रिंक भी की। दो दिन जम के मस्ती के बाद मेरी तबियत अचानक से बहुत खराब हो गयी। हम डॉक्टर के पास पहुँचे तो उसने हमारे सामने ये बम फोड़ दिया कि मैं प्रेग्नेंट हूँ वो भी आठ हफ़्ते। फ़ीट्स की हार्ट बीट आ चुकी थी और मुझे इंटरनल ब्लीडिंग भी हुई थी। इसलिए अगर तुरन्त दवाइयाँ लेना शुरू नहीं किया तो मेरा गर्भपात हो जाता। कुछ देर के लिए मैं और मेरे पति कोई भी प्रतिक्रिया देने के लायक नहीं थे। हमें लगा कि यह आखिर कैसे हुआ। हम तो सावधानी बरत रहे थे। हम उस वक्त बच्चे के लिए तैयार नहीं थे। इसलिए डॉक्टर से हमने सोचने के लिए कुछ वक्त लिया और कुछ समय बाद उसके पास ये निर्णय लेकर पहुँचे कि हम अभी पेरेंट्स बनने के लिए तैयार नहीं हैं। और इस प्रेग्नेंसी को आगे नहीं ले जाना चाहते। तब डॉक्टर ने हमें समझाया। मैं अपने 29वें साल में थी। डॉक्टर ने कहा कि तुम्हारी जगह अगर मेरे अपने बच्चे होते तो मैं उन्हें ये प्रेग्नेंसी रखने की सलाह देती। क्योंकि तुम जल्द ही 30 पार कर लोगी। 30 के बाद कंसीव करने में दिक्कत होती है। तब बहुत कुछ सोचने जानने के बाद हमने वो प्रेग्नेंसी आगे रखने का मन बनाया। हालाँकि मेडिकल कॉम्प्लिकेशन की वजह से मुझे चार महीने का कम्प्लीट बेड-रेस्ट लेना पड़ा, लेकिन आज मैं एक प्यारे से स्वस्थ बेटे की माँ हूँ।''

ये कुछ ऐसे मामले थे जिन्होंने मुझे भी सोचने पर और जानने पर मजबूर किया कि आखिर डॉक्टर्स '30 से पहले एक बच्चा कर लो' इस बात पर इतना ज़ोर क्यों देते हैं?

~

अपनी डॉक्टर से इस बारे में बात करने के बाद और इन्टरनेट पर ढेर सारी जानकारी पढ़ने के बाद जो समझ आया वो ये कि आज मेडिकल साइंस ने जितनी तरक्की की है उसके बाद 30 से 34 साल की उम्र में भी आसानी से माँ बना जा सकता है। हालाँकि कुछ बातें हैं जो डॉक्टर्स कहते हैं—

यदि आप एक से अधिक बच्चा चाहती हैं तो बेहतर है आप 30 तक

एक बच्चा प्लान कर लें। क्योंकि डॉक्टर्स दो बच्चों के बीच कम-से-कम 3 साल का गैप रखने की सलाह देते हैं। और 34 की उम्र के बाद की प्रेग्नेंसी में कुछ समस्याएँ सामने आती हैं। जिनमें हैं, एटोपिक प्रेग्नेंसी, प्लेसेंटा प्रीविया, यानी प्लेसेंटा का छोटा होना, प्रीमिच्योर बच्चे का जन्म, और कम वज़न का बच्चा पैदा होना। इसके अलावा भी कुछ समस्याएँ हैं जिन्हें डॉक्टर्स बताते हैं। 34 साल के बाद गर्भ धारण करने वाली माँओं में हाई ब्लड प्रेशर और शुगर की समस्या ज़्यादा देखी गयी। उनकी डिलीवरी में नॉर्मल की जगह सिजेरियन के ज़्यादा चांसेस रहते हैं। यानी 35 साल से अधिक उम्र की महिलाओं में सिजेरियन के मामले 40 प्रतिशत तक रहते हैं, जबकि यही दर घटकर सिर्फ़ 14 प्रतिशत रह जाती है जब आप माँ बनना 20 से 34 की उम्र में चुनते हैं।

डॉक्टर्स का ये भी मानना है कि 30 के बाद भी माँ बनना बुरा नहीं होता, अधिकांश महिलाएँ 30 और 34 साल के बीच में बच्चे पैदा करती हैं। हालाँकि यह सच है कि 30 साल की उम्र तक गर्भधारण करना आसान है। वहीं 30 के बाद आप बेबी प्लान करते हो तो आपको लम्बा इंतज़ार भी करना पड़ सकता है। खासकर तब जब आप एक से अधिक बच्चों की चाहत रखती हों।

विशेषज्ञों के मुताबिक बच्चे को जन्म देने की सही उम्र 20 से 35 वर्ष के बीच होती है। इससे पूर्व या बाद में गर्भधारण करने पर गर्भस्थ शिशु में विकृति की आशंका ज़्यादा होती है। ये विकृतियाँ क्रोमोसोम (गुणसूत्रों) या जीन में हुई किसी गड़बड़ी के कारण आ सकती हैं। इसलिए अधिक उम्र में गर्भ धारण करने से बचना चाहिए। 35 की उम्र के बाद गर्भपात का भी खतरा बढ़ जाता है। डॉक्टर्स का मानना है कि महिलाएँ एक सीमित अंडाकोष के साथ जन्म लेती हैं, जो समय के साथ खत्म हो जाते हैं। क्योंकि भारतीय महिलाओं के पीरियड्स जाने की औसत उम्र 45 वर्ष मानी गयी है, इसलिए उससे दस वर्ष पूर्व यानी 35 की उम्र तक अच्छी प्रजाति के अंडे खत्म हो जाते हैं। इसलिए उसके बाद के बच्चों में विकृतियाँ आने का खतरा बताया जाता है। डॉक्टर्स की मानें तो महिलाओं का शरीर 20 साल में बच्चा पैदा करने के लिए पूरी तरह तैयार हो जाता है, इसलिए कॅरियर, लाइफ़ स्टाइल और अपनी चिन्ता करते हुए भी उन्हें कम-से-कम 30 तक एक बच्चा कर लेना चाहिए। यदि वे एक सामान्य और प्राकृतिक रूप से हैल्दी प्रेग्नेंसी चाहती हैं तो।

आज विज्ञान ने इतनी तरक्की कर ली है कि IVF के ज़रिए फराह खान

ने भी 43 की उम्र में तीन हैल्दी बच्चों को जन्म दिया।

वैसे IVF के बिना भी कई ऐसे मामले सुनने में आते हैं जिनमें थोड़ी मुश्किलें ज़रूर आयीं, लेकिन महिलाओं ने नैसर्गिक तौर पर नॉर्मल तरीके से बच्चे को जन्म दिया।

गीता मैडम मेरे पुराने ऑफ़िस में मेरे साथ काम करती थीं। अच्छी दोस्ती थी। बड़े शहर में अकेली रहती थीं। पति उनके दूसरे बड़े शहर में रहते थे। दोनों बच्चा चाहते थे लेकिन नौकरी की जद्दोजहद कुछ ऐसी थी कि वे साथ नहीं रह पा रहे थे। जब साथ हुए तब तक वे उम्र के 35 बसन्त पार कर चुकी थीं। 38 साल में थीं जब उन्हें गर्भ धारण हुआ। बहुत कोशिशों के बाद हुआ था, इसलिए वे कोई रिस्क नहीं लेना चाहती थीं। नौकरी से ब्रेक लिया और घर बैठकर अच्छे से अपनी और अपनी आने वाली सन्तान की देख-रेख की। कुछ मुश्किलें आयीं उन्हें लेकिन नौ माह के गर्भ के बाद उन्होंने एक प्यारी सी बिटिया को जन्म दिया। अभी कुछ दिनों पहले जब उनसे बात हुई तो वे बोलीं, ''देर से पहला बच्चा होने का बस मुझे यही खामियाज़ा भुगतना पड़ेगा कि मैं दूसरी सन्तान के बारे में अब नहीं सोच सकती, जबकि मैं चाहती थी कि मेरे दो बच्चे हों।''

इसके अलावा और भी कई मामले मिल जायेंगे जहाँ डॉक्टर्स की मदद, उपचार और गैर-प्राकृतिक तरीकों से चालीस की उम्र में भी बच्चे पैदा किये जा सकते हैं।

वैसे एक और बात बता दूँ कि डॉक्टर्स ये भी कहते हैं कि 30 से 40 के बीच जुड़वाँ बच्चे होने की सम्भावना 20 से 30 की अपेक्षा ज्यादा होती है। तो अगर आपको एक बार में ही सब निपटाना हो तो लेट प्रेग्नेंसी का चांस भी लिया जा सकता है।

जब लेबर की गलत घंटी बजी

कहते हैं लेबर से गुज़रना कई सौ हड्डियों के टूटने के दर्द जैसा है, मगर जिन्हें नहीं पता कि लेबर का दर्द कैसा होता है उनके साथ फ़ाल्स अलार्म के धोखे हो सकते हैं।

प्रेग्नेंसी के आखिरी हफ़्तों में जब एब्डोमेन यानी पेट के निचले हिस्से में दर्द बहुत बढ़ जाता है, साँस हर वक्त फूली रहती है, बच्चे का सिर नीचे सेट होने लगता है, और अन्दर से पड़ने वाली उसकी लातें जब आपकी पसलियाँ तोड़ रही होती हैं, तब आपको लगता है कि बस अब और इंतज़ार नहीं। अब आप अपने बच्चे को पेट के अन्दर नहीं बल्कि बाहर देखना चाहते हैं। ऐसे में हर मिनिट आप उस दर्द का इंतज़ार कर रहे होते हैं जिसके एहसास की शुरुआत जितना आपको उत्साहित करेगी उतना ही उस पूरी प्रक्रिया के खत्म होने तक आपको डरा कर भी रखेगी। लेकिन वह अचानक उठने वाला लेबर पेन सही है या फ़ाल्स ये कैसे पता चलेगा? मालूम पड़ा जिसे आपने लेबर पेन समझा उसने आपको बिना मतलब हॉस्पिटल का चक्कर कटवा दिया।

मैं खुद फ़ाल्स लेबर की शिकार हो चुकी हूँ। उस दिन सुबह की रसोई का काम निपटाकर मैं अपने कमरे में आराम करने के लिए जा ही रही थी कि अचानक पेट के निचले हिस्से में दर्द हुआ। यूँ तो प्रेग्नेंसी में जैसे-जैसे पेट बढ़ता है पेट के निचले हिस्से में दर्द भी बढ़ता है। जिसे नॉर्मल की श्रेणी में रखा जाता है। लेकिन ये जो दर्द था ये सिर्फ़ पेट के निचले हिस्से में होने वाला मसल-पेन (मांसपेशियों में होने वाला दर्द) नहीं बल्कि पीरियड्स में होने वाला दर्द जैसा था। जो मेरे दर्द सहने की क्षमता से बहुत ऊपर उठ चुका था। मैंने तुरन्त अपनी सास को बताया और उन्होंने बिना देरी किए हमारी फ़ैमिली

डॉक्टर को घर बुला लिया। उनके आने तक मुझे उस दर्द से ठण्ड भी लगी और मैं पसीने से भी नहा गयी। सबको मेरी हालत देखकर लग रहा था कि आने वाला मेहमान बस कुछ ही मिनिटों में हमारे बीच होगा।

हमारी फ़ैमिली डॉक्टर ने आते ही मेरा इनसाइड-चेकअप किया। बताया कि बच्चेदानी का मुँह तो अभी तक खुला नहीं लेकिन क्योंकि दर्द बहुत ज़्यादा है, और यह दर्द पेट के निचले हिस्से के साथ-साथ कमर में भी है तो हमें बिना देरी किए हॉस्पिटल चले जाना चाहिए और अपनी डॉक्टर को दिखा लेना चाहिए। हम भी आनन-फानन में हॉस्पिटल पहुँच गए। वहाँ मुझे एडमिट कर लिया गया। डिलीवरी की सारी तैयारियाँ कर ली गयीं। दर्द के बढ़ने का इंतज़ार किया जाने लगा। ज़िन्दगी भी कितनी मज़ाकिया है दर्द का भी इंतज़ार करवाती है।

~

हॉस्पिटल का वो डिलीवरी वार्ड मेरे लिए जेल जैसा था, जहाँ मुझे परिवार के किसी भी साथी के बिना, अन्य गर्भवती, डिलीवरी का इंतज़ार कर रही महिलाओं के साथ रात काटनी थी। हरे और कत्थई रंग से पुती दीवारें, सफ़ेद रंग की छत, बड़ी-बड़ी खिड़कियाँ उस साठ साल पुराने अस्पताल में पैदा हुए कितने ही बच्चों के जन्म की कहानी मुझे सुना रही थीं। मैं परिस्थिति और माहौल से जितनी असहज थी, उतनी डरी हुई भी। परिवारवाले भी ऊहापोह में थे। क्या करें क्या न करें? मैं अन्दर कैसी हूँ? कोई परेशानी तो नहीं? वेटिंग एरिया और डिलीवरी वार्ड की एक दीवार ने हम सभी को परेशानी में डाला हुआ था। सभी साथ होते हुए भी अकेले थे। साथ थी तो बस वहाँ भर्ती दूसरी गर्भवती महिलाएँ, उनकी तकलीफ़, उनकी परिस्थिति, अस्पताल की एक अलग सी गंध, जिसमें दवाइयों की बू भी शामिल थी। धीमे-धीमे घूमता पंखा, पसीने में तर होता मेरा शरीर और हर आधे घंटे में बच्चे की धड़कन जाँचने आती नर्सें ही बस एक स्थिर गति से चल रहे थे, बाकी सब अस्थिर था। अस्थाई था। फिर चाहे वो बेड्स पर बदलती चादरें हों, या मरीज़। उस डिलीवरी वार्ड में आठ बेड थे। सभी बेड भरे हुए थे। सभी केस एकदम अलग, पहले बेड वाली महिला शाम चार बजे भर्ती हुई और आठ बजे ही डिलीवरी वार्ड से लेबर रूम में शिफ़्ट हो गयी। उसके बाद रात दो बजे तक उसकी चीखें मेरे कानों में पड़ती रहीं। उसके दर्द की चीखें और परदे के पीछे घट रही उसकी

पीड़ा मुझे यम के दर्शन करा देती थी। रात दो बजे उसकी चीखें तब बन्द हुईं, जब उसके बच्चे के रोने की आवाज़ें आयीं। दूसरे बेड पर लेटी महिला बीते अठारह घंटों से दर्द से कराह रही थी। दर्द जब बढ़ नहीं पाया तो आखिरकार उसने ऑपरेशन का सहारा लेकर दर्द से मुक्ति पाई। तीसरे बेड वाली महिला आठवें माह में ब्लीडिंग की वजह से भर्ती हुई थी। उसे लगातार इंजेक्शन दिए जा रहे थे। इंजेक्शन बन्द होते ही उसकी ब्लीडिंग शुरू हो जाती थी। उसे नहीं पता था कि उसे कितने दिन दर्द और इंजेक्शन दोनों सहना पड़ेगा। चौथे बेड पर मैं थी। पाँचवें बेट वाली महिला के पेट में बच्चे ने पॉटी कर दी थी, वह आर्थिक रूप से उतनी सक्षम नहीं थी, उसके परिवारवाले स्मार्ट कार्ड के सहारे ऑपरेशन की तैयारी कर रहे थे। छठे बेड वाली महिला को पिछले 24 घंटों से ब्लीडिंग हो रही थी। अब उसे तुरन्त बचाना था। खून से लथपथ उसके कपड़े और सफ़ेद रंग की वो चादरें जो लाल हो चुकी थीं, इंसान के जन्म की एक दर्दनाक कथा कह रहे थे। सातवें बेड वाली महिला को ऑक्सीजन लगी हुई थी। उसके बच्चे को ठीक से ऑक्सीजन नहीं मिल पा रही थी। नर्स थोड़ी-थोड़ी देर में उसकी हालत जाँचने आती थी। आठवें बेड वाली महिला हर पंद्रह मिनट में दर्द से चीखती थी, फिर कुछ देर शांत रहती थी। वह उसकी दूसरी डिलीवरी थी। आठ बेड में से चार पर लेटी महिलाएँ दर्द से कराह रही थीं और कभी अपने भगवान् तो कभी पति या माँ को याद कर रही थीं। उनके बीच मेरी हालत और पतली होने लगी। जैसे-जैसे उनकी कराह मेरे कानों में पड़ती थी, मैं अपने अन्दर उनके जैसा दर्द ढूँढने लगती थी। तब तक मैंने लेबर पेन के बारे में सिर्फ़ सुना था। लेकिन उस दिन इतने करीब से देख भी रही थी। लेबर रूम से लगा हुआ डिलीवरी रूम था। जिसमें से आने वाली दर्द की चीखें मुझे अन्दर तक हिला देती थीं। मैं उस कमरे से भागकर बाहर जाना चाहती थी लेकिन अगले ही पल अन्दर से आने वाली बच्चे की हलचल मुझे वो सब सहने की हिम्मत दे देती थी। वो रात मुझे उसी कमरे में डॉक्टर की निगरानी में, परिवार के किसी भी सदस्य के बिना उन साथी बनने वाली माँओं की चीखों के साथ काटनी थी। इंतज़ार करना था सुबह का, जब डॉक्टर बताने वाली थी कि हमें अभी और कितना इंतज़ार करना है अपने बच्चे को देखने के लिए। मुझे ड्रिप लगाई गयी थी। जब अगली सुबह तक भी मेरा दर्द नहीं बढ़ा तब डॉक्टर ने मेरा अल्ट्रासाउंड

करने को कहा। जिसमें पता चला कि बच्चे का सिर अभी पूरी तरह नीचे नहीं आया है और सर्विक्स (बच्चेदानी का मुँह) भी नहीं खुला था। मैं उस वक्त अपने 38वें हफ़्ते में थी। इसलिए डॉक्टर ने और एक हफ़्ते मुझे इंतज़ार करने की सलाह दी और डिस्चार्ज़ कर दिया। मेरे डिस्चार्ज़ पर्चे पर लाल स्याही से लिखा गया, 'फ़ाल्स अलार्म।'

यदि आपकी स्थिति क्लियर नहीं है तो, लेबर अलार्म सही है या गलत ये समझना डॉक्टर्स के लिए भी थोड़ा कठिन हो जाता है। मेरे केस में भी ऐसा ही हुआ। डॉक्टर को स्थिति समझने में थोड़ा वक्त लगा। ऐसे में यदि डॉक्टर भरोसे वाले नहीं, या प्राइवेट हॉस्पिटल है तो पैसे के लालच में डॉक्टर्स ऑपरेशन के लिए तैयार कर देते हैं। और आपकी नॉर्मल होने वाली डिलीवरी ऑपरेशन में तब्दील हो जाती है। तो क्या किया जाये? क्या आखिरी हफ़्तों में उठने वाले मामूली दर्द को इग्नोर कर दिया जाये? नहीं... कतई नहीं।

~

अपने पर्चे पर 'फ़ाल्स अलार्म' लिखवाकर मैं घर तो आ गयी थी लेकिन अभी स्थिति नाज़ुक थी। हमें बच्चे की हलचल जाँचते रहना था। डॉक्टर के मुताबिक एक घंटे में कम-से-कम तीन बार हलचल महसूस होनी चाहिए थी। यदि हलचल कम या लगातार कुछ घंटों तक महसूस न हो तो तुरन्त डॉक्टर को खबर करनी थी। दोबारा दर्द उठे तो डॉक्टर के पास जाना था। लेकिन फिर से फ़ाल्स न हो जाये ये कैसे निश्चित होता। जब इस बारे में जानकारी इकट्ठा की तो असली-नकली के फेर को समझने के लिए कुछ प्वॉइंट्स पता चले।

जैसे-जैसे हमारी डिलीवरी का समय पास आता है, वैसे-वैसे बच्चेदानी सिकुड़ने की कोशिश करती है, बच्चे का सिर नीचे की ओर आने लगता है जिससे नीचे की तरफ़ दर्द बढ़ने लगता है। हालाँकि पेल्विक में मसल-पेन प्रेग्नेंसी के चौथे-पाँचवें महीने के बाद शुरू होने लगता है। लेकिन फुल टाइम आते-आते यह दर्द ज़्यादा और लगातार होने लगता है। ऐसे में कई बार हमें लगता है कि यही लेबर पेन है। लेकिन असल में ऐसा नहीं है... अगर आप ध्यान देंगे तो यह दर्द बहुत देर तक नहीं टिकने वाला होगा, धीमे-धीमे बढ़ेगा नहीं बल्कि थोड़ी देर में कम होकर गायब हो जायेगा फिर से आने के लिए। लेकिन ध्यान रखें, क्योंकि हर प्रेग्नेंसी अपने आप में निराली होती है, इसलिए

ज़रूरी नहीं कि हर महिला को फ़ाल्स लेबर हो ही। कई बार असली लेबर भी बिना किसी वार्निंग के आ जाता है इसलिए सावधान रहें।

तो, कैसे जानें कि जो हो रहा है वो फ़ाल्स है। सबसे पहली बात फ़ाल्स लेबर एक निश्चित अंतराल में नहीं आते, न ही उनके आने का पता लगाया जा सकता है। वे न ही लम्बे चलते हैं, न उनका होने वाला दर्द बहुत तीखा होता है। फ़ाल्स लेबर में होने वाला दर्द आपके लोअर एब्डोमेन में होगा और मसल-पेन जैसा लगेगा। अगर आप ध्यान देंगे तो फ़ाल्स लेबर आपकी किसी एक्टिविटी की वजह से भी हो सकता है, जैसे ज़्यादा खड़े या बैठे रहने से, या रसोई में किसी काम से या अन्य किसी शारीरिक श्रम से।

तो असली लेबर पेन कैसा होता है? किसी ने मुझे कहा था, ''जब तक पसीने में नहा न जाओ तब तक मानुष का जन्म नहीं होता।'' असल में इसका जवाब लिखकर देना बहुत कठिन है। यह तो जब तक आप महसूस न कर लें आप इसे नहीं कह पायेंगे। लेकिन हाँ कुछ बातें हैं जिन्हें आप ध्यान में रख सकते हैं, जैसे लेबर पेन सिर्फ़ लोअर एब्डोमेन में नहीं बल्कि कमर से एक बेल्ट की तरह उठता है और लोअर एब्डोमेन तक जाता है। यह धीमे-धीमे बढ़ता जाता है और तब तक होता है जब तक आपका बच्चा बाहर न आ जाये। यह आपके बैठने-उठने से नहीं होता, न ही आपकी पोज़ीशन बदलने से इसमें कमी आती है। यह हर पोज़ीशन में एक समान रहेगा।

यहाँ जितनी बातें मैंने आपको बताई हैं उन्हें मैंने अपने आखिरी मोहलती हफ़्ते में भोगा था। सब कुछ जानते हुए भी मैं हर घड़ी एक-एक पल डर-डर कर काट रही थी कि पता नहीं कब हमें डॉक्टर के पास जाना पड़े। मेरे बच्चे की हलचल ठीक तो है न। पूरा परिवार सतर्क था, कोई नहीं जानता था कि ये इंतज़ार, कुछ घंटों का होगा या कुछ दिन का।

़ैशन में है सी-सेक्शन

सुनने में आता है कि कई महिलाएँ लेबर के दर्द से बचने के लिए ऑपरेशन द्वारा बच्चे को पैदा करना चुनती हैं। विशेष परिस्थितियाँ न होने के बावजूद यदि आप भी सिर्फ़ दर्द से बचने के लिए सर्जरी चुनती हैं तो ज़रूरी है कि पहले इससे शरीर को होने वाले ख़ामियाजे को समझा जाए।

फ़ाल्स लेबर की वजह से दो दिन हॉस्पिटल में बिताने के बाद मुझे ट्रेलर मिल चुका था कि जल्दी ही मुझे एक कठिन दौर से गुज़रने के लिए अपने मन और शरीर दोनों को तैयार कर लेना चाहिए। मैं डॉक्टर के केबिन में बैठी अपना केस जान रही थी, जहाँ मुझे पता चला कि मेरे बच्चे के गले में गर्भनाल ने एक अंटा लगा लिया है। हालाँकि जब बच्चा गर्भ में एक्टिविटी करता है तो कई बार यह अंटा खुद निकल भी जाता है, लेकिन चांसेस कम होते हैं। साथ में मेरे बच्चे का वज़न आखिरी दो हफ़्तों में नहीं बढ़ा था। उस समय मैं अपने 38वें हफ़्ते में थी। इसलिए डॉक्टर ने मुझे सख्ती से समझाते हुए कहा कि यदि एक हफ़्ते में आपको अच्छे से दर्द नहीं उठे तो आपको ऑपरेशन ही कराना पड़ेगा। मैं ऑपरेशन का नाम सुनकर घबराई ज़रूर लेकिन मन में ये तसल्ली थी कि मेरी डॉक्टर, ''ऑपरेशन से पहले नॉर्मल की हर सम्भव कोशिश के लिए जानी जाती है।'' इस तसल्ली के बाद भी ऑपरेशन के नाम से ही मेरा दिल बैठा जा रहा था।

अभी मैं अपनी स्थिति को समझने की कोशिश कर ही रही थी कि एक और महिला डॉक्टर के पास आयी। उसकी डिलीवरी डेट भी पास थी। उसके अन्दर घुसते ही डॉक्टर ने उससे कहा, ''देखो तुम नॉर्मल के चांसेज़ होते

हुए भी ऑपरेशन कराना चाहती हो, और ये ऑपरेशन नहीं कराना चाहती।''

मैंने आश्चर्य से उस महिला को देखा। एक सम्भ्रांत परिवार की पढ़ी-लिखी नौकरीपेशा लड़की थी। डॉक्टर ने मेरी नज़रों में आश्चर्य देखा तो बोली, ''इन्हें बिना टेंशन और बिना दर्द के बच्चा चाहिए।'' यह सुनकर मेरी हैरानी थोड़ी और बढ़ गयी। अपना शरीर कटवाकर ज़िन्दगी भर के लिए शरीर पर एक निशान लेकर, बेवजह का महीनों तक दर्द और रिस्क लेकर बच्चा पैदा करना कुछ घंटों के दर्द से ज़्यादा कठिन है क्या?

आश्चर्य की एक और बात यह भी है कि सिजेरियन चुनने वाली वैसी एक नहीं कई सौ की संख्या में महिलाएँ हैं, आपको यह जानकर थोड़ी हैरानी ज़रूर होगी लेकिन भारत में हर साल 16.7 प्रतिशत की दर से सिजेरियन डिलीवरी की संख्या में बढ़ोतरी हो रही है। इतनी तो पूरी दुनिया में कहीं भी इन्क्रीमेंट दर नहीं। और भी ज़्यादा हैरानी की बात यह है कि सिजेरियन डिलीवरी की इस बढ़ती दर में तकरीबन आधे केस खुद से चुने हुए होते हैं। यानी जिन्हें खुद चाहिए कि उनका बच्चा ऑपरेशन से हो।

मेरी माँ बताती हैं कि उनके ज़माने में ऑपरेशन से होने वाली डिलीवरी को बहुत बड़ा 'हौवा' माना जाता था, ''अरे उसका तो बड़ा ऑपरेशन हुआ है...अब बहुत समय लगेगा ठीक होने में।''

तब 12-12 बच्चों की पूरी क्रिकेट टीम पैदा करने वाली महिलाएँ सारे बच्चे नॉर्मल ही पैदा करती थीं। ऑपरेशन के केस इक्का-दुक्का ही सामने आते थे। अब स्थिति बिलकुल उलट है। अब अगर किसी का बच्चा नॉर्मल हो जाये तो हैरानी की बात मानी जाती है। इतना बड़ा बदलाव आया कैसे, कहाँ परिस्थितियाँ इतनी बदल गयीं?

अपने आस-पास देखेंगे तो पुरानी महिलाओं को ताना कसते ज़रूर पायेंगे कि ''आजकल की लड़कियों में इतना दम ही नहीं बचा कि नॉर्मल झेल पायें, अपने शरीर को इतना आरामपरस्त बना लिया है कि शरीर दर्द झेलने लायक ही नहीं बचा।''

पर बहिनजी, यह पूरा सच नहीं है। 'आजकल' के बच्चों को हर मायने में दोष देने वाली माताओं-सासों से मैं पूछना चाहती हूँ कि ''आपके ज़माने में घी कितने रुपये किलो मिलता था। जितने रुपये किलो आपके ज़माने में घी मिलता था उससे कहीं ज़्यादा महँगा तो हमारे ज़माने में टमाटर है।''

बात दरअसल यह है कि समय ने इंसान के हाथों ही उसके आस-पास का वातावरण इतना प्रदूषित कर दिया कि हमारे शरीर में शुद्ध चीज़ें पहुँचने की गुंजाइश पहले के मुकाबले आधी हो गयी। फिर हमारे शरीरों की आधी ऊर्जा हम पढ़ने-लिखने और अपना कॅरियर बनाने में खर्च करते हैं। हमारी दिनचर्या सुबह उठकर कुएँ पर पानी भरने वाली और घर में गोबर लीपने वाली नहीं, बल्कि देर रात तक जागकर पढ़ने वाली, फ़ास्टफूड खाने वाली और पैदल की जगह गाड़ियों पर चलने वाली हो गयी है। यही कारण है कि समय के साथ-साथ हमारे शरीर पहले की महिलाओं की तरह घिस-घिसकर पत्थर नहीं हो पाये, बल्कि आरामपरस्त हो गए। अब ऐसे में नॉर्मल डिलीवरी का दर्द भयावह स्वप्न ही तो लगेगा। उसी की तुलना में एक यह डर भी मन में बैठा रहता है कि यदि आखिरी समय में हम वह दर्द बर्दाश्त नहीं कर पाये तो? तो स्थिति और भी गंभीर हो जायेगी।

अनु के साथ ये हादसा होते-होते बचा। उसकी प्रेग्नेंसी उन सभी सामान्य समझे जाने वाले हालातों से गुज़रते हुए जब अपने आखिरी हफ़्तों में पहुँची तो डॉक्टर ने उसे यकीन दिलाया कि नॉर्मल डिलीवरी कर सकती है। अनु भी यही चाहती थी। हालाँकि वो नॉर्मल में होने वाले दर्द को लेकर बहुत डरी हुई थी। लेकिन ऑपरेशन नहीं चाहती थी। जब डिलीवरी का समय आया और अनु को दर्द बढ़ने लगा तो तुरन्त अनु को लेबर रूम में शिफ़्ट कर दिया गया। सारी तैयारी हो गयी। अनु का दर्द बढ़ने लगा, लेकिन उसकी बढ़ती चीखें अचानक से रुक गयीं। डॉक्टर उसके बच्चे का आधा निकला सिर देखकर घबरा गए। अनु बेहोश हो गयी थी। वो नॉर्मल का दर्द बर्दाश्त नहीं कर पाई। दो दिन तक दर्द से तड़पने के बाद आखिर में उसकी हिम्मत जवाब दे गयी। डॉक्टर को तुरन्त ऑपरेशन करना पड़ा। बच्चे की जान को खतरा था। अनु ने एक बेटे को जन्म दिया, जिसकी पीठ कुछ दिन तक नीली रही, क्योंकि उसने बहुत ज़्यादा दर्द बर्दाश्त कर लिया था।

डॉक्टर्स के हिसाब से इस केस का एक पहलू यह भी है कि वह लड़की दर्द के नाम से पहले से ही इतना डर चुकी थी कि थोड़े से में ही उसे घबराहट होने लगी जो वह बेहोशी तक जा पहुँची।

सिजेरियन डिलीवरी का एक और काला पहलू यह भी है कि आजकल प्राइवेट अस्पतालों में डॉक्टर्स अपना पैसा बनाने के चक्कर में मरीज़ को पहले

से ही इतना डरा देते हैं कि वह नॉर्मल के बारे में सोचे भी न। हाल ही में रायपुर की एक डॉक्टर के बारे में सुना जो संडे को बच्चा पैदा नहीं करवाती। यानी उन डॉक्टर के साथ नॉर्मल का कोई चांस ही नहीं। वे सिर्फ़ ऑपरेशन ही करती हैं। उनके जैसे कई डॉक्टर हैं जो मरीज़ की जेब देखकर शुरू से ही ऐसे हालात पैदा कर देते हैं कि आखिर तक पहुँचते-पहुँचते मरीज़ को ऑपरेशन ही कराना पड़े।

जबकि आँकड़ों को ध्यान में रखकर अगर रिस्क फ़ैक्टर देखें तो नॉर्मल डिलीवरी के 16.5 प्रतिशत मामले ऐसे होते हैं जिनमें जच्चा-बच्चा को रिस्क होता है, और उतने ही मामले सिजेरियन में भी रिस्क पर बताए गए हैं। तो माने रिस्क दोनों में बराबर है। मेनका गाँधी ने तो डॉक्टर्स के कहने पर इतनी तेज़ी से बढ़ने वाली सिजेरियन डिलीवरी को एक रैकेट कहा और इसके खिलाफ़ पिटीशन भी साइन करवाया ताकि उन केस में कुछ हो सके जहाँ डॉक्टर्स मरीज़ को बहलाकर या गलत जानकारी देकर सिर्फ़ पैसा कमाने के लिए ऑपरेशन कर रहे हैं।

तो मुद्दे की बात बस इतनी सी है कि नॉर्मल डिलीवरी का दर्द, ऑपरेशनल डिलीवरी में लगने वाले एनेस्थीसिया के इंजेक्शन, टाँकों के दर्द, डाले जाने वाले catheter (मूत्रद्वार से मूत्र के लिए डाली जाने वाली कृत्रिम नली) और enema (ऑपरेशन से पहले पेट खाली करके सारा मल निकालने के लिए मलद्वार से नली द्वारा डाली जाने वाली दवा) के दर्द से कहीं ज़्यादा बेहतर है क्योंकि यह सिर्फ़ चंद घंटों का होगा और आपका शरीर प्राकृतिक रूप से अपनी अवस्था में आ जायेगा। ज़बरदस्ती के ऑपरेशन वालों को कई ऐसी तकलीफ़ों का सामना करना पड़ जाता है जिनसे उबरने में शरीर को वक्त लग जाता है। मैंने ऑपरेशन के उस दर्द को महीनों तक झेला है। आज भी नाभि के नीचे पेट पर हाथ फेरती हूँ तो काटकर सिला हुआ वह हिस्सा शरीर को मिले एक मीठे ज़ख्म की याद ताज़ा कर देता है।

ऐसे में सलाह यही दी जाती है कि यदि आप एक स्वस्थ प्रेग्नेंसी से गुज़र रही हैं, आपकी गर्भावस्था स्वस्थ कट रही है तो शरीर को जितना हो सके चलाते रहिये, और मन को पक्का कर लीजिये फिर देखिये कैसे आप और आपका बच्चा दोनों ही नॉर्मल डिलीवरी से स्वस्थ दिखेंगे।

मैं कैसी माँ बनूँगी?

*माँ बनना एक तय समय पर दे दी गई उपाधि नहीं बल्कि एक
सतत प्रक्रिया है जो धीरे-धीरे उम्र के साथ पूरी होती जाती है।*

जैसे-जैसे डिलीवरी का समय पास आता गया मन उत्साहित होने के
साथ-साथ घबराने भी लगा। अक्सर ये सवाल मन के कोनों से टकराता
रहता, 'मैं कैसी माँ बनूँगी?' शादी के बाद माँ बनने का निर्णय लेना, फिर
गर्भ धारण करना, और उस स्थिति में नौ महीने बिताना इन सबको एक
तरफ़ करके अगर कोई ख़याल मन को परेशान करता है तो वो यही कि 'मैं
कैसी माँ बनूँगी?' इसलिए नहीं कि आपको एक आदर्श छवि में बँधकर
अपना जीवन अपने बच्चे को सौंप देना है, बल्कि इसलिए कि आप जो पौधा
लगा रहे हैं वह बड़ा बनकर कैक्टस बनेगा या कोई फलदार पेड़, यह आप
पर निर्भर करेगा।

मॉडर्न ज़माने की एक लड़की के मुँह से ये बातें शायद आपको थोड़ी
अटपटी लगें, लेकिन मेरा मानना यही है कि एक लड़की किसी बच्चे को
सिर्फ़ जन्म नहीं देती, बल्कि समाज और देश में एक नया योगदान देती है।
अब ये उसकी परवरिश पर निर्भर करता है कि वो योगदान देश और समाज
को बर्बाद करेगा या उसे बनाएगा। मतलब, देश के लिए कुछ करना है तो
सिपाही या नेता ही बनो ये ज़रूरी नहीं। आप अपने आस-पास के लोगों
का किसी भी मायने में बुरा न करके भी एक बेहतर दुनिया बना सकते हैं।
मैं नहीं जानती थी कि मुझे बेटा होगा या बेटी। लेकिन यदि बेटा हुआ तो
बेशक मेरी उसे यही सिखाने की चाहत थी कि किसी भी स्टीरियोटाइप को
तोड़ना, चाहे वो मर्दों के लिए हों या औरतों के लिए। और बेटी हुई तो उसे

इतना मज़बूत बनाना था कि कोई उसे कमज़ोर समझने की भूल भी भूल से न करे।

~

फ़ाल्स लेबर के बाद हम सभी को एक हफ़्ता इंतज़ार करके डॉक्टर के पास जाना था। लेकिन एक हफ़्ता पूरा होने से पहले ही मुझे हल्की ब्लीडिंग हो गयी। डॉक्टर को सिचुएशन बताई तो उन्होंने तुरन्त आने को कहा। अस्पताल पहुँचे तो मुझे भर्ती कर लिया गया। बच्चे के गले से गर्भनाल अभी तक नहीं निकली थी। जाँच से यह भी पता चला कि बच्चे-दानी का मुँह खुलने लगा है। इसलिए फिर एक रात दर्द की दवाई देकर देखा जायेगा। यदि दर्द बढ़ता है और बच्चेदानी का मुँह पूरा खुल जाता है तो नॉर्मल डिलीवरी सम्भव है। फिर एक रात उसी डिलीवरी वार्ड में परिवार के बिना, उन्हीं दर्द से तड़पती महिलाओं के बीच काटने के बारे में सोचकर ही मेरी रूह काँप उठी, लेकिन हिम्मत रखनी थी। अपने बच्चे को बाहर लाने के लिए इतना तो करना ही पड़ेगा। इस बार मैंने दर्द को भूलकर किताब का सहारा लिया। सारी रात टीस से उठते दर्द में बदलती करवटें मेरी जान जब अजाब में डाल रही थीं, तब चाणक्य मन्त्र में पलटता कोई पन्ना मेरे दिमाग को वहाँ उलझाने की भरसक कोशिश करता था। यह बहुत मुश्किल था लेकिन रात भर हाथ में लगी बोतल, उसमें टप-टप गिरती बूँदें, दवाई के इंजेक्शन, नर्स द्वारा मेरे बच्चे की धड़कनों की गिनती, और घड़ी में सुबह का इंतज़ार सब मिलकर मेरा भरसक मनोरंजन कर रहे थे। सुबह छह बजे डॉक्टर आने वाली थी। जो फिर जाँच करके बताने वाली थी कि अब आगे क्या करना है। जब डॉक्टर आयी तो मैं किताब में घुसी हुई थी। वो समझ गयी कि मैं अब भी उस दर्द के करीब नहीं पहुँच पाई हूँ जिसे आधार बनाकर नॉर्मल डिलीवरी का इंतज़ार किया जाये। इसलिए परिवार से बात करके, अंत में निर्णय लिया गया कि अब ऑपरेशन ही एक रास्ता है।

ऑपरेशन थिएटर में जाने से दो घंटे पहले तैयारी के लिए मुझे ऑपरेशन वार्ड में ले जाया गया। जहाँ डॉक्टर्स और नर्स तैयारियाँ कर रही थीं और मेरा मन, 'क्या होगा' और 'मैं कैसी माँ बनूँगी' के बारे में सोच रहा था। स्ट्रेचर पर लेटी मैं जब अपने हाथों में सूई घुसवा रही थी तब बस यही सोच रही थी कि कुछ ही मिनिटों में जब वो बाहर होगा तब क्या होगा, कैसे होगा। पेशाब की

जगह में नली लगते ही जैसे मेरी जान मुँह को आ गयी। उसके बाद मैं आधे घंटे तक रोती रही, साथ खड़ी नर्स से विनती करती रही कि उसे निकाल दो, और नर्स मुझसे कहती रही कि बस कुछ देर की बात है फिर कुछ भी महसूस नहीं होगा। कुछ देर के बाद जब मैं डिलीवरी वार्ड से ऑपरेशन थिएटर में ले जाई गयी तब देखा कि मेरा परिवार मेरे इंतज़ार में वहाँ खड़ा है। सब मेरे साथ ऑपरेशन थिएटर के बाहर तक गए। उसके आगे का रास्ता मुझे अकेले तय करना था। अन्दर पहुँची तो ऑपरेशन बेड पर लेटते ही लगने लगा कि बस यहाँ से भाग जाऊँ। अब तक जो हिम्मत दिखा रही थी वो अब खत्म होने लगी थी। लेकिन एक हाथ में ब्लड प्रेशर और दूसरे हाथ में हार्ट-बीट के लिए मशीनें जोड़ दी गयी थीं। कमर में एनेस्थीसिया लगा दिया गया था, जिससे धीरे-धीरे कमर के नीचे का हिस्सा महसूस होना बन्द हो गया, एक परदे को मेरे धड़ और गर्दन के बीच खींच दिया गया। अब मैं बस ऑपरेशन लाइट्स में लगे छोटे-छोटे मिरर में धुँधली सी छवि देख पा रही थी कि मेरे साथ क्या हो रहा है। कैसे मेरे बच्चे को बाहर निकाला जायेगा। कुछ ही देर में सीनियर डॉक्टर आयी, अपने दस्ताने और एप्रिन पहनकर मेरे पास आकर बोली, ''तैयार हो।'' मैंने सिर्फ़ मुस्कुराकर ''हाँ'' कहा। उन्होंने अपने भगवान से प्रार्थना की कि सब ठीक हो। फिर मुझे मेरे पेट पर रेंगती हुई छुरियाँ वैसी ही महसूस हुईं जैसे हल्की पेन्सिल को हाथ पर चलाने से महसूस होता है। कुछ ही सैकेंड में मेरे पेट से खून में लथपथ मेरी नन्ही सी जान बाहर निकाल ली गयी। बाहर आते ही वो कुछ सैकेंड को रोया। किसी ने सच ही कहा है कि बच्चे का जन्म वो पहला और आखिरी मौका होता है, जब एक माँ, अपने बच्चे के रोने पर खुश होती है।

मेरी आँखों में जो उसकी पहली छवि बसी वो यह कि पेट से निकलने के बाद वो अपनी नन्ही-नन्ही आँखों में अचानक पड़ने वाली चकाचौंध को देखने की कोशिश कर रहा था। समझने की कोशिश कर रहा था कि मैं कहाँ आ गया हूँ। उसके माथे पर पड़ने वाली सिलवट उसे इस दुनिया की चिन्ता के बारे में सतर्क कर रही थीं शायद। बिना किसी कपड़े के उसकी लाल-लाल त्वचा मुझे उसे जल्दी से छू लेने को लालायित कर रही थी। अपने नन्हे से हाथ-पैर हिलाता हुआ वह यहाँ-वहाँ से आते उजाले को समझने की कोशिश कर रहा था। नौ माह तक भीतर के अँधेरे में रहने के बाद वह मेरी दुनिया

में उजाला भरने आ गया था। डॉक्टर ने मुझे मुबारकबाद दी और बच्चे की सारी जाँच करने के बाद उसे मेरे गाल से लगा दिया। मैंने एक बेटे को जन्म दिया था। हालाँकि अपनी बाँहों में भरने के लिए मुझे अभी और कुछ घंटों का इंतज़ार करना था लेकिन मैं उसे देखकर ही पुरसुकून थी कि वह स्वस्थ है और किस्मत ने उसे एक रूपवान शरीर दिया है।

उस दिन उस घड़ी सारे फ़ेमिनिज़्म को, अब तक की बेटियों के हक में लड़ी गयी मेरी सारी लड़ाई को एक तरफ़ करते हुए मेरे मन ने सबसे पहले यही सोचा कि, 'मैंने अपनी माँ का कर्ज़ उतार दिया, एक बेटे को जन्म देकर मैंने उनकी लाज रख ली, और समाज के हर उस शख्स के मुँह पर तमाचा जड़ दिया जो कहता था कि मेरी माँ ने बेटे को जन्म नहीं दिया, इसलिए उनकी बेटियाँ भी एक बेटे को जन्म नहीं दे सकेंगी।'

मन की बात

मेरी बाँहों में जब पहली बार मेरा बेटा आया, उस दिन उस घड़ी सारा .फे़मिनिज़्म सारी महिलावादी सोच को, अब तक की बेटियों के हक में लड़ी गयी मेरी सारी लड़ाई को एक तर.फ़ करते हुए मेरे मन ने सबसे पहले यही सोचा कि, 'मैंने अपनी माँ का कर्ज़ उतार दिया, एक बेटे को जन्म देकर मैंने उनकी लाज रख ली, और समाज के हर उस शख्स के मुँह पर तमाचा जड़ दिया, जो कहता था कि मेरी माँ ने बेटे को जन्म नहीं दिया, इसलिए उनकी बेटियाँ भी एक बेटे को जन्म नहीं दे सकेंगी।'

आज जब एक बेटे की माँ बन चुकी हूँ तो सोचती हूँ कि यदि बेटी हुई होती तो शायद मनोस्थिति बिलकुल अलग होती। तब मैं शायद अपनी माँ सी माँ बनती। अब भी वही चाहती हूँ। लेकिन फिर खुद से पूछती हूँ कि क्या मैं अपनी माँ जैसी माँ बन पाऊँगी। मेरी माँ, जो उस ज़माने में दो बेटियों की माँ होने का बोझ और ताने ढोते हुए आगे बढ़ीं। उन्होंने कभी भी अपनी बेटियों को कमज़ोर नहीं पड़ने दिया। वे खुद एक एम.ए. पास, हैण्डबॉल प्लेयर रह चुकी थीं। लेकिन शादी के बाद बेटा पैदा करने की मजबूरी और बेटियों को ज्यादा न पढ़ाने का हुकुम उनके माथे पर तलवार सा लटकता था। पर उन्होंने अपना माथा इसके आगे नहीं झुकाया। घूँघट के पीछे रहीं लेकिन अपनी बेटियों को हर वो काम करने की आज़ादी दीं जो उनके भविष्य के लिए ज़रूरी थी। अच्छी शिक्षा, एक आज़ाद सोच और अपने दम पर कुछ कर पाने की ललक। लेकिन इस सबमें उन्होंने खुद को कहीं खो दिया। जिसका मलाल उन्हें नहीं है। वे कहती हैं, ''तुम्हें बनाना ही मेरे लिए खुद को बनाने जैसा था।''

उनके लिए ये सब उतना भी आसान नहीं था। बचपन में जब वे हमें किसी बात के लिए डाँटतीं तो वे हमें बुरी लगतीं। हम उन पर चिल्लाते। उन पर गुस्सा करते। लेकिन वे कभी हमारी गलत ज़िदों के आगे नहीं झुकीं। वे हमेशा कहती थीं, ''दुनिया में दो तरह की माँ होती हैं, एक वो जो जानती हैं कि बच्चे को टॉफ़ी नुकसान करेगी इसलिए उसके रोने पर भी उसे टॉफ़ी नहीं देतीं। बदले में बच्चे की नाराज़गी सहती हैं। उससे बुराई मोल लेती हैं, और दूसरी वो जो बच्चे के क्षणिक मोह में उसका रोना न देखने की इच्छा में उसे टॉफ़ी दे देती हैं, जानते हुए भी कि वो उसे नुकसान करेगी। लेकिन जब बच्चा बड़ा होता है, तब उसे समझ आती है कि लगाम लगनी भी ज़रूरी थी।''

मेरी माँ ने मुझे या मेरी बहिन को कभी उन कामों को करने से नहीं रोका जो सिर्फ़ लड़कों के लिए कहे जाते थे, फिर चाहे वो रात को 3 बजे छोटी बहिन को स्टेशन छोड़ने जाना हो, या 36 घंटे का अकेला सफ़र ट्रेन में करना हो, लेह-लद्दाख की ट्रेकिंग ट्रिप हो या नौकरी छोड़कर अपना बिज़नेस करने की इच्छा। उन्होंने हमें रोका तो बचपन में टीवी में घुसे रहने से, गलत दोस्तों की संगत से, बेमतलब की गपड़तान से, सहेलियों के घर बिना किसी कारण रुकने से। उनका मानना था कि जितना समय तुम फ़िज़ूल की बातों में लगाओगी उतने समय का उपयोग करके कुछ प्रोडक्टिव काम करो। मैंने अपनी माँ को कभी मोहल्ले की औरतों के साथ घंटों बातें करते नहीं देखा। आज छप्पन साल की उम्र में भी उनकी दिनचर्या बेहद प्रभावशाली है।

लेकिन इसके अलावा उनका एक रूप और भी था, जो हमें अब दिखने लगा है। हमने उन्हें बीमार पड़ते तो देखा, लेकिन कभी आराम करते नहीं। हमने उन्हें हमारे लिए नए कपड़े सिलते देखा, दिवाली पर नए कपड़े दिलाते देखा, लेकिन खुद पिछली दिवाली की साड़ी में ही काम चला लेती थीं। पापा से हमारे लिए, हमारी आज़ादी के लिए दीवार सी खड़ी देखी, जो किसी भी मायने में हमारे अच्छे के बदले कोई झुकाव बर्दाश्त नहीं करेगी।

इसके परे मुझे अब कुछ ऐसी माँ के रूप भी दिखने लगे हैं, जो अपने अहम् और स्वार्थ में या मूर्खता में अपने बच्चों को अन्धकार में धकेल देती हैं। शादी के बाद बेटी को ससुरालवालों से अलग करने की पट्टियाँ पढ़ाना। अपने जीवन में इतना व्यस्त हो जाना कि बच्चे क्या कर रहे हैं उसका होश ही न रहना। जिसका नतीजा ये सामने आने लगा है कि बड़े शहरों में 11 से 16

साल की लड़कियों को गर्भ-निरोधक टेबलेट खरीदने की ज़रूरत पड़ने लगी है।

मैं शायद अपनी माँ जैसी कुर्बान माँ न बन पाऊँ, या शायद मैं बनना ही नहीं चाहती। मैं न तो उतना व्यस्त होना चाहती हूँ कि अपने बच्चों को भूल जाऊँ और न ही उतना अभ्यस्त होना चाहती हूँ कि खुद को भूल जाऊँ। दोनों के बीच का रास्ता निकालना चाहती हूँ। मैं चाहती हूँ कि अपने बच्चों की ज़िन्दगी के साथ-साथ मैं अपनी ज़िन्दगी भी भरपूर जियूँ। मैं वो सब करूँ जो मैं अपने लिए करना चाहती हूँ। दुनिया घूमूँ, लिखूँ, पढ़ूँ, या वो हर काम जो मैं करना चाहूँ। लेकिन क्या वाकई में अपने लिए जीने का मतलब है कि अपने बच्चे को अनदेखा कर देना? क्या हम साथ-साथ नहीं चल सकते? क्या सिर्फ़ समर्पण और ज़िम्मेदारी से पूरी तरह बायकॉट दो ही रास्ते हैं? क्या कोई बीच का रास्ता नहीं है? जिसमें मैं और मेरा बच्चा एक साथ बड़े हों। जहाँ उसे मेरी ज़रूरत हो वहाँ मैं उसके साथ हूँ, और जहाँ मुझे उसकी ज़रूरत हो वहाँ वो मेरे साथ?

मैं नहीं चाहती कि मैं हर वक्त डाइनिंग टेबल पर थाली सजाये इंतज़ार करने वाली माँ बनूँ, या मेरा बच्चा भूखा बैठा रहे, यदि माँ उसे थाली लगाकर न दे। मैं चाहती हूँ कि मेरा बच्चा ज़रूरत पड़ने पर खुद खाना गरम करके थाली लगाना जानता हो। उसके लिए कोई भी काम स्त्री या पुरुष के हिसाब से न हो, कि रसोई का काम माँ या बहिन का और बाहर का पिता और बेटे का। बल्कि हम सभी परिवार के कामों को मिलकर करें, ज़रूरत के हिसाब से करें न कि स्त्री-पुरुष के भेद से। मैं वह माँ बनना चाहती हूँ जो सिर्फ़ घूमने के लिए ही छुट्टियों पर जाना चाहे, न कि पारिवारिक समारोहों के नाम से छुट्टियाँ मनाए। सारांश यही है कि मैं वह माँ बनना चाहती हूँ जो अपने बच्चे के लिए जितना जिए, उतना ही अपने लिए भी। पचास की उम्र तक पहुँचते हुए मुझे इस बात का मलाल न हो कि काश खुद के लिए भी जी लिया होता।

❑❑❑

www.ingramcontent.com/pod-product-compliance
Lightning Source LLC
LaVergne TN
LVHW091718190726
843493LV00001B/359